沥青混合料现场热再生技术应用研究

秦明星 尹小虎 于敏 ◎ 著

湘潭大学出版社
XIANGTAN UNIVERSITY PRESS

图书在版编目（CIP）数据

沥青混合料现场热再生技术应用研究 / 秦明星，尹小虎，于敏著．-- 湘潭 : 湘潭大学出版社，2024．11．
ISBN 978-7-5687-1600-0
Ⅰ．U416.217
中国国家版本馆 CIP 数据核字第 2024JN9004 号

沥青混合料现场热再生技术应用研究

LIQING HUNHELIAO XIANCHANG REZAISHENG JISHU YINGYONG YANJIU

秦明星 尹小虎 于敏 著

责任编辑：肖 雀
封面设计：罗心雨
出版发行：湘潭大学出版社
社 址：湖南省湘潭大学工程训练大楼
电 话：0731-58298960 0731-58298966（传真）
邮 编：411105
网 址：http://press.xtu.edu.cn/
印 刷：长沙创峰印务有限公司
经 销：湖南省新华书店
开 本：787 mm×1092 mm 1/16
印 张：6.5
字 数：150 千字
版 次：2024 年 11 月第 1 版
印 次：2024 年 11 月第 1 次印刷
书 号：ISBN 978-7-5687-1600-0
定 价：68.00 元

前言

在交通基础设施蓬勃发展的当下，沥青路面养护与再生技术成为行业焦点。沥青混合料现场热再生技术脱颖而出，它能高效再利用再生沥青混合料，契合资源节约与环保理念，对推动公路可持续养护意义深远。

本书聚焦该技术应用，深度剖析原理、应用范畴、流程及工程实效。开篇详述热再生技术分类，表层再生与全面再生各具特色，助读者明晰不同场景下技术选择依据。借剖析沥青混合料老化机理，揭示再生技术提升路面性能的科学逻辑，为后续技术探讨筑牢根基。

回顾就地热再生技术演进，从早期探索至当下成熟应用，各国成果斐然。针对高比例 RAP(沥青混合料回收料) 应用，创新提出选材、级配设计及沥青用量确定方法，经大量实验与实践优化，提升混合料性能、拓宽旧料利用路径，是技术突破关键。

综合国内外成果，书中展示丰富应用案例，多维度评估技术经济性、环保性与施工成效。如某高速路段采用热再生技术后，成本降低约 30%，工期缩短近半，路面性能卓越、寿命显著延长，彰显技术优势。然而，实践亦暴露技术局限，如再生路面早期强度差、再生剂不佳等。就此，本书从材料创新（研发高效再生剂与多功能外掺料）、工艺优化（智能调控工艺参数、发展绿色工艺）、装备升级（智能复合型设备研发）、检测完善（构建评估模型与无损检测法）及标准强化（健全政策标准、溯源管理与绩效评价）等维度精准施策，为技术未来发展指明方向、提供科学指引，志在助力公路养护技术攀上新高峰、开创绿色养护新纪元。

目录

第一章　绪　论

第一节　沥青混合料概述

沥青混合料是由矿料集料、填料和沥青胶结料按一定比例混合而成的混合材料，广泛应用于公路、机场、港口等交通基础设施的建设中。沥青混合料作为路面铺装的主要材料，其性能直接影响着路面的使用寿命和服役质量。近年来，随着交通运输业的快速发展，对沥青路面的要求也越来越高，传统的沥青混合料已难以满足日益增长的交通需求。因此，开发新型高性能沥青混合料，提高路面使用寿命，降低养护成本，已成为道路工程领域的重要研究方向。

（一）沥青混合料的组成

沥青混合料主要由矿料集料、填料和沥青胶结料三部分组成。矿料集料是沥青混合料的主要组成部分，通常占混合料总质量的90%以上。矿料集料的质量和级配直接影响着沥青混合料的力学性能和耐久性。常用的矿料集料包括天然砂石、机制砂石、石灰岩、玄武岩等。填料是指通过0.075 mm筛孔的矿物质粉末，如石灰粉、水泥、粉煤灰等，主要起到填充集料间隙、增加混合料稠度、提高混合料黏结性的作用。沥青胶结料是将矿料集料黏结成整体的胶凝材料，一般采用石油沥青。沥青胶结料的品质和用量对沥青混合料的工作性能有着重要影响。

（二）沥青混合料的分类

根据应用场合和配合比的不同，沥青混合料可分为热拌沥青混合料、温拌沥青混合料、冷拌沥青混合料和特种沥青混合料等几大类。

1.热拌沥青混合料

热拌沥青混合料是指在150 ℃以上高温条件下，将加热的矿料集料、填料与热沥青胶结料混合而成的沥青混合料。热拌沥青混合料具有强度高、稳定性好、耐久性强等优点，是目前应用最广泛的沥青混合料种类。根据矿料级配的不同，热拌沥青混合料可进一步分为密级配沥青混合料、低级配沥青混合料和中级配沥青混合料。

2.温拌沥青混合料

温拌沥青混合料是在热拌沥青混合料的基础上发展而来的一种新型环保型沥青混合料。

通过添加温拌添加剂或采用发泡技术，可在120~140 ℃较低温度下进行混合料的生产和铺筑，较常规热拌混合料可降温20~40 ℃。温拌技术不仅可显著减少能源消耗和废气排放，而且有利于延长施工季节、改善施工条件。温拌沥青混合料在国内外均得到了广泛推广应用。

3.冷拌沥青混合料

冷拌沥青混合料是在常温条件下，将矿料集料与乳化沥青或泡沫沥青混合而成的沥青混合料。乳化沥青和泡沫沥青作为一种常温施工的新型沥青胶结料，具有环保、节能、施工便捷等特点。冷拌沥青混合料多用于道路的基层、底基层以及低等级公路的面层。但与热拌沥青混合料相比，冷拌沥青混合料的早期强度较低，易受水损坏，适用范围有限。

4.特种沥青混合料

特种沥青混合料是在普通沥青混合料中掺加特殊添加剂或采用特殊工艺制备而成的新型功能性混合料，主要包括彩色沥青混合料、透水沥青混合料、抗滑沥青混合料、多孔吸声沥青混合料和导电沥青混合料等。特种沥青混合料可赋予路面诸多功能性，如彩色化、透水、抗滑、降噪、导电等，在特殊路段和环境条件下具有广阔的应用前景。

（三）沥青混合料的主要性能指标

沥青混合料作为一种复杂的多相混合材料体系，其使用性能主要取决于内在的物理力学性质。针对不同的应用需求，沥青混合料需满足多项性能指标要求。

表1-1　沥青混合料的主要性能指标

性能指标	评价参数	试验方法
高温稳定性	马歇尔稳定度试验、动态稳定度试验、车辙试验	T0709、T0719、T0729
低温抗裂性	低温弯曲试验、冻断温度试验	T0715、T0716
疲劳性能	四点弯曲疲劳试验	T0739
水稳定性	冻融劈裂试验、马歇尔稳定度试验	T0729、T0709
抗老化性能	薄膜加热试验、压力老化试验	T0609、T0630
断裂韧性	半圆弯曲试验、J积分断裂试验	T0733、ASTMD6068

1.高温稳定性

高温稳定性是评价沥青混合料抵抗高温永久变形能力的重要指标，主要包括马歇尔稳定度、动态稳定度和车辙试验等。马歇尔稳定度反映了沥青混合料在60 ℃条件下的强度和刚度，是评价混合料高温性能的常用指标。动态稳定度和车辙试验则在动荷载作用下考察混合料的高温稳定性。混合料的配合比设计和材料选择均需满足高温稳定性要求。

2.低温抗裂性

沥青混合料铺筑后在低温环境下易产生温度应力，引起混合料的脆性开裂、反射裂缝等低温破坏。低温弯曲试验和冻断温度试验常用于评价沥青混合料的抗低温开裂性能。提高混合料的低温弹性和增加沥青胶结料用量是改善低温抗裂性的有效途径。

3.疲劳性能

在车辆荷载的长期重复作用下，沥青混合料易发生疲劳损伤并导致路面开裂。四点弯曲疲劳试验通过测定混合料在循环荷载作用下的疲劳寿命来评价其抗疲劳开裂性能。提高混合料的弹性模量和韧性有助于延缓疲劳裂缝的产生和扩展。

4.水稳定性

水是导致沥青混合料早期损坏的主要因素之一。在水的作用下，沥青与矿料间的黏附力降低，混合料易发生剥落、溶散等水损坏。冻融劈裂试验和马歇尔稳定度试验常用于评价混合料的水稳定性。提高沥青与矿料的界面黏附性、合理控制空隙率是改善混合料水稳定性的重要手段。

5.抗老化性能

沥青老化是一个不可逆的复杂过程，会显著影响沥青混合料的路用性能。薄膜加热试验和压力老化试验常用于评价混合料的抗老化性能。采用抗老化沥青和添加抗老化剂可有效延缓老化进程，提高混合料的耐久性。

6.断裂韧性

断裂韧性表征了沥青混合料的断裂失稳阻力，是评价混合料抗裂性能的重要力学参量。半圆弯曲试验和J积分断裂试验是研究混合料断裂韧性的有效方法。掺加纤维、橡胶等增韧材料可显著提高沥青混合料的断裂韧性和抗开裂能力。

（四）沥青混合料的主要设计方法

沥青混合料的配合比设计是通过合理选择集料级配和沥青用量，使混合料的各项性能指标达到规范要求，并在此基础上确定最佳油石比的过程。目前，我国沥青混合料配合比设计主要采用马歇尔设计法和车辙试验设计法。

1.马歇尔设计法

马歇尔设计法是一种基于经验公式的混合料设计方法，在我国《公路沥青路面设计规范》（JTG D50—2017）中予以规定。该方法以马歇尔稳定度和流值作为评价指标，通过体积参数和力学性能试验确定最佳油石比。马歇尔设计法操作简便、周期短，在工程实践中得到了广泛应用。但其也存在试件成型条件与路面施工状态差异大、评价指标片面等局限性。

2.车辙试验设计法

车辙试验设计法是在马歇尔设计法的基础上，引入车辙动稳度作为评价指标而建立的一种综合设计方法。该方法在体积参数满足要求的前提下，以车辙动稳度和低温抗裂性作为评价混合料高温稳定性和低温性能的依据，并结合水稳定性试验确定最佳油石比。车辙试验设计法更加注重混合料的实际使用性能，但试验周期长、成本高，在工程中的应用尚不广泛。

3.超级沥青混合料设计方法

超级沥青混合料设计方法是近年来国际上提出的一种新型功能性沥青混合料组成设计

方法，通过多尺度计算机仿真技术和先进实验测试手段，实现混合料性能的精准调控和优化。超级沥青混合料在高温稳定性、低温抗裂性、疲劳耐久性等方面表现出优异性能，有望成为未来沥青路面的主流铺装材料。但该方法尚处于探索研究阶段，设计理念和实施流程有待进一步完善。

（五）沥青混合料的生产与施工

沥青混合料的生产与施工是实现材料性能和路面质量的关键环节，直接影响着沥青路面的使用寿命。

沥青混合料的生产一般采用沥青搅拌设备，按预先设计好的配合比进行计量、加热、混合、储存等工序，并对生产过程中的温度、时间、料仓重量等关键参数进行控制。先进的沥青搅拌设备配备有自动控制系统，可实现生产过程的信息化管理和精确控制。

沥青混合料的施工包括运输、摊铺、碾压等环节。混合料摊铺一般采用沥青摊铺机，根据路面宽度、厚度、横坡等参数进行摊铺。为确保摊铺质量，要注意控制混合料的温度、摊铺速度、原料的均匀性等因素。碾压是实现路面密实度和平整度的关键工序，需结合混合料的类型、厚度、温度状态，合理选用碾压设备并控制碾压遍数和速度。施工过程中，需采用核子密度仪、平整度仪等设备对路面密度、厚度、平整度等质量指标进行检测和验收。

综上所述，沥青混合料作为一种多组分复合材料体系，其性能受到诸多因素的影响，配合比设计和生产施工控制是确保材料性能和路面质量的关键。针对不同的使用需求和环境条件，开发多种类型的沥青混合料，建立完善的设计施工规范和质量控制体系，对于提高沥青路面的耐久性和使用性能具有重要意义。

第二节　沥青混合料老化机理

沥青混合料在长期的路面铺装使用过程中，受环境因素和荷载作用的影响，其性能会发生显著退化，这一现象被称为沥青混合料老化。老化会导致沥青混合料的耐久性下降、路用性能衰减，最终影响路面使用寿命。因此，深入认识沥青混合料的老化机理，对于指导老化路面的预防和修复策略制定具有重要意义。

（一）沥青老化机理

沥青作为沥青混合料的胶结料，其性能对混合料的力学行为和耐久性能有着决定性影响。沥青老化是指在外界因素作用下，沥青组分和结构发生变化，导致性能退化的过程。根据老化发生的阶段和环境条件的不同，沥青老化可分为热老化和氧化老化两种类型。

1.热老化

热老化主要发生在沥青的生产、存储、混合料拌和及铺筑过程中，是由于高温条件下沥青组分的挥发和结构变化引起的。沥青在高温下会失去部分轻质组分，导致胶质体含量下降，沥青黏度增大。同时，高温还会导致沥青中的胶质体发生脱油，环烷族向芳香族转化，饱和分子间发生缩合反应，使沥青的化学组成发生变化。热老化使得沥青变硬、黏弹性降低，抗裂性能下降。但热老化是短期行为，仅占老化总量的很小部分。

2.氧化老化

氧化老化是沥青混合料铺筑成型后在路面服役过程中发生的主要老化形式，是由沥青与空气中的氧气发生缓慢氧化反应引起的。氧化老化是一个漫长而复杂的过程，受到温度、氧气浓度、紫外线照射等环境因素的影响。在氧化作用下，沥青中的芳香族会逐渐转化为树脂，树脂进一步转化为沥青质，导致沥青中胶质体和油质含量下降，沥青质含量增加。氧化老化使沥青变得更加坚硬脆化，黏度和软化点升高，延展性降低，老化指数增大。氧化老化是影响沥青路面长期性能的主要因素。

沥青老化一般遵循以下反应机理：

（1）低温条件下，沥青中部分组分在氧气作用下缓慢氧化，生成醇、酮、醛等含氧官能团，引起沥青极性升高；

（2）温度升高时，氧化反应速率加快，烃类物质大量转化为含氧官能团，提高了沥青的芳香族含量；

（3）高温下，醇、酮等含氧官能团脱水缩合，生成大分子量的醌类物质，导致沥青中胶质含量下降，沥青质含量上升；

（4）氧化反应持续进行，大分子缩合物进一步聚合，形成骨架结构，使沥青逐渐硬化。

影响沥青老化速率的因素主要包括：

（1）温度：温度升高可加快氧化反应速率，促进轻组分的挥发，是影响老化速率的最主要因素；

（2）氧气浓度：氧气浓度越高，沥青氧化反应越快，老化速率越大；

（3）紫外线照射：紫外线照射会引发光化学反应，加速沥青中的自由基氧化过程；

（4）沥青组成：沥青中蜡含量高、芳香族含量大、胶质体/沥青质比例低的沥青，老化速率较快；

（5）沥青膜厚：铺筑在路面的沥青混合料中，沥青膜厚度越薄，比表面积越大，老化越快。

（二）矿料老化

矿料是沥青混合料的骨架，其性质对混合料的力学性能和耐久性有重要影响。虽然相比于沥青，矿料抵抗老化的能力更强，但在长期的路面铺装使用过程中，矿料也会发生一系列物理、化学性质的改变，引起混合料性能的退化。

1.矿料表面风化

矿料表面风化是在自然环境条件下，矿料表面与水、空气等介质发生物理化学反应，导致其表面结构和性质发生改变的过程。砂石料中常见的石英、长石等矿物，在水和二氧化碳的作用下会发生水解和碳酸盐化反应，形成次生黏土矿物和铁铝氧化物，使砂石表面变得疏松多孔。碳酸盐矿料如石灰岩，则会发生溶蚀作用，使表面变得粗糙不平。矿料表面风化会导致与沥青的黏附性下降，引起黏附力破坏和混合料剥落。

2.矿料集料磨耗

在车辆荷载的重复作用下，路面中的集料颗粒会发生磨耗和破碎。细颗粒矿料磨耗后会充填到粗集料的孔隙中，导致混合料空隙率降低，透水性能变差。粗集料则会因棱角磨耗而变得圆润，骨架稳定性下降。集料磨耗会改变混合料的级配和孔隙结构，降低内摩擦力，引起永久变形等病害。

3.矿料中的杂质

砂石料和填料中常含有一定量的杂质，如泥土、有机质、硫化物、氯化物等。这些杂质在混合料铺筑后，会与水发生反应，生成酸性物质或胶结物质，破坏矿料表面结构，降低沥青与矿料的黏附性能。例如，含泥量高的集料，在水的作用下易形成泥浆膜，阻碍沥青与矿料的黏附；含云母、绢云母的砂石，其表面吸附水膜会减弱沥青黏附力；石灰岩中的方解石遇酸会分解，产生溶蚀孔洞。矿料中的杂质是引起沥青混合料水损坏、剥落等早期病害的重要原因。

综上所述，矿料在长期使用过程中，会因风化、磨耗以及杂质等因素引起性质改变，导致沥青混合料黏附性能下降、骨架稳定性降低、孔隙结构改变等，是混合料性能老化的重要原因之一。因此，在混合料设计时，应加强对矿料的质量控制，提高矿料的耐久性和抗风化性能。

（三）混合料结构老化

沥青混合料是由矿料集料、沥青胶结料、空隙等组成的三相体系，其内部结构对混合料的力学性能和使用性能有着决定性影响。混合料结构随着使用时间的延长会发生改变，主要表现在空隙率降低、骨架稳定性降低、沥青-矿料界面黏附性能降低等方面。

1.空隙率降低

新拌和的沥青混合料中，矿料集料之间分布着大量空隙，空隙率一般控制在3%~5%。在车辆荷载和高温作用下，混合料会发生压密变形，导致空隙率逐渐降低。空隙率的下降一方面提高了混合料的密实度和强度，另一方面也降低了混合料的透气性和排水性，使路表水难以及时排出，引发车辙、水损坏等病害。此外，空隙率过低还会导致沥青老化加剧，混合料黏弹性降低，抗裂性能变差。

2.骨架稳定性降低

混合料的骨架由粗集料颗粒嵌挤组成，骨架的稳定性主要取决于集料颗粒之间的摩擦作用和嵌挤效应。在车辆荷载的长期作用下，集料颗粒会发生挤密和破碎，导致骨架结构松散，稳定性下降。同时，随着集料表面沥青老化，集料颗粒之间的黏结力会逐渐减弱，也会引起骨架结构的破坏。骨架稳定性的降低使混合料的高温稳定性变差，容易产生车辙、拥包等永久变形。

3.沥青-矿料界面黏附性能降低

沥青与矿料之间的界面黏附性能对混合料的抗剥落、抗水损坏性能有着重要影响。在长期使用过程中，沥青-矿料界面会因氧化老化、水侵蚀、交通荷载等因素的作用而发生退化。一方面，沥青氧化老化会导致其极性增大，与矿料表面的亲和力下降；另一方面，水分子会渗入沥青-矿料界面，形成弱界面层，降低二者的黏附强度。同时，车辆荷载的剪切作用也会破坏界面黏结力。黏附界面的破坏使沥青膜与矿料表面脱离，引发剥落、散落等早期损坏。

表 1-2 沥青混合料结构老化的主要表现

老化特征	老化机理	路用性能影响
空隙率降低	车辆荷载和高温作用下的压密变形	透水性降低，易产生车辙、水损坏
骨架稳定性降低	集料颗粒挤密破碎， 集料表面沥青老化	高温稳定性降低， 易发生车辙、拥包
沥青-矿料界面黏附性能降低	沥青老化极性增大， 水侵蚀界面，荷载剪切作用	抗剥落、抗水损坏性能降低， 易产生早期损坏

（四）沥青混合料老化的预防与控制

沥青混合料在长期使用过程中不可避免地会发生老化，但可以通过合理的材料选择、配合比设计和预防养护措施，减缓老化进程，延长路面使用寿命。

1.材料选择

选用高品质的原材料是控制混合料老化的首要措施。在沥青材料选择时，应优先选用高针入度、低蜡含量、高胶质沥青，以提高混合料的抗老化性能。针对不同气候区，选用与当地温度适应性良好的沥青。在矿料选择时，应优先选用表面洁净、低泥土含量、抗风化性能好的高质量集料，提高矿料与沥青的黏附性。同时，科学调整矿料级配，选用空隙率适中、密实度良好的级配类型，改善混合料的抗老化能力。

2.配合比设计

在混合料配合比设计时，应综合考虑混合料的力学性能、耐久性能和施工性能，选择合理的油石比和矿料级配。一般来说，提高沥青用量、降低空隙率有助于延缓混合料老化，但过高的油石比会降低混合料的稳定性和抗变形能力。因此，需在多项性能指标间进行平衡，选择最佳配合比。同时，可采用抗剥落剂、阻聚剂等添加剂，改善沥青与集料的黏附性，提高混合料的耐水性和抗老化能力。

3.预防养护措施

在沥青路面铺筑完成后，应及时采取有效的预防养护措施，减缓老化进程。密封层处治、罩面等是常用的路面预防性养护措施，可在路面表面形成一层致密的保护膜，隔绝水、气侵蚀，延缓沥青老化。同时，合理控制交通荷载、超载车辆，避免过大应力的破坏作用。定期进行路面清扫、除尘，保持路面整洁，减少杂质对路面的侵蚀。此外，掺加再生剂、新拌沥青混合料对老化路面进行热再生、热铣刨等也是延缓老化、恢复路面性能的有效手段。

4.加强质量控制

沥青混合料在生产、运输、摊铺、碾压等各环节都应进行严格质量控制，确保各项性能指标满足规范要求。在混合料生产时，应对原材料质量、计量准确性、拌和温度、拌和时间等进行控制，提高混合料拌和质量的一致性。在混合料运输过程中，应采取有效的保温隔热措施，避免温度散失和粗细料离析。摊铺时应控制混合料温度、摊铺速度和厚度的均匀性，减少接缝和离析现象。碾压应根据混合料类型、温度状态选择合适的压路机型号和碾压遍数，确保路面紧密平整。同时，做好混合料的抽样检测，对关键质量指标进行数据分析和统计，及时发现和处置质量问题，从而保证路面整体质量。

5.开发新型抗老化材料

针对沥青混合料老化问题，国内外开展了大量的材料改性研究，开发了多种新型抗老化沥青材料。其中，聚合物改性沥青、橡胶沥青、多相复合改性沥青等是研究较多的品种。这些新型沥青通过向基质沥青中掺加聚合物、橡胶、纳米材料等功能性添加剂，或采用多相复合改性技术，在提高沥青温度敏感性、黏弹性和抗老化性能的同时，也赋予了沥青材料耐疲劳、抗车辙、减噪降振等多种功能。此外，新型矿料改性技术如矿料表面活性剂处理、耦合剂改性等，可显著提高矿料表面活性，增强矿料与沥青的界面黏附性能，是防止黏附失效和减缓老化的有效途径。随着材料科学的发展，基于复合、改性、调控等技术开发的新型抗老化路用材料，将在减缓沥青老化问题上发挥重要作用。

综上所述，沥青混合料老化是一个复杂的物理化学过程，涉及沥青、矿料、孔隙结构等多因素的变化，最终导致路面性能的退化。在沥青混合料的设计和施工中，需统筹兼顾材料、配合比、工艺、养护等多方面因素，从源头控制老化问题。同时，加强路面的预防性养护和改造是延缓老化、恢复路面性能的重要手段。此外，大力开发新型抗老化路面材料，建立完善的质量控制和数字化管理体系，对于系统解决沥青老化问题、提高路面长期使用性能具有重要意义。

沥青老化指数是表征沥青老化程度的一个重要指标，可采用针入度比值法、黏度比值法、软化点法等多种方法表示。针入度比值法是常用的一种表征方法，计算公式为：

$$VAI = \frac{\lg P_0 - \lg P_1}{\lg P_0} \times 100\% \tag{1-1}$$

式中：VAI为沥青老化指数；P_0为老化前针入度；P_1为老化后针入度。

VAI值越大，表明沥青老化程度越高，针入度下降越多。一般规定，VAI值小于 30%为低老化，30%~50%为中等老化，大于 50%为高老化。

第三节 沥青混合料现场热再生的必要性

沥青路面在长期使用过程中，由于环境、交通等因素的影响，不可避免地会出现老化、开裂、车辙、松散等一系列病害，导致路面使用性能下降，亟须维修和改造。传统的路面修复方法主要包括铣刨重铺、就地热再生、冷再生等，各有其优缺点和适用条件。其中，现场热再生技术以其资源节约、环境友好、经济高效等优势，在路面预防性养护和修复领域得到越来越广泛的应用。

（一）节约资源，符合可持续发展理念

随着经济社会的快速发展，道路工程建设对沥青、集料等原材料的消耗日益增加，矿物资源日益紧缺。据统计，我国沥青的年消耗量已超过 2 000 万吨，公路建设和养护所需的集料每年高达 15 亿吨。传统的铣刨重铺等路面修复方式，往往需要大量添加新的沥青混合料，造成原有路面材料的巨大浪费。以每千米双车道高速公路为例，铣刨重铺通常需要补充 5 000 t 以上的新混合料，而使用热再生技术只需补充 500~1 000 t 新料，可节约大量宝贵的沥青和矿料资源。沥青混合料热再生技术充分回收利用旧路面材料，最大限度地节约了不可再生资源，符合建设资源节约型、环境友好型社会的要求。

同时，随着环保要求的日益提高，大量废再生沥青混合料的处置和利用问题日益突出。据不完全统计，我国每年产生的废旧沥青混合料约为 5 000 万吨，其中 95%以上尚未得到有效利用。随意丢弃或填埋废旧沥青混合料，不仅占用大量土地资源，而且对环境产生二次污染。沥青混合料现场热再生技术为废旧路面材料的资源化利用提供了一条有效途径，通过专用设备将铣刨下来的旧料加热、翻松、筛分，掺加适量新料、再生剂等，可使 80%以上的旧料实现就地再利用。与铣刨重铺等传统工艺相比，热再生技术可显著提高材料的回收利用率，减少废料的排放和填埋量，有效缓解废旧路面材料的环境压力，具有良好的生态效益。

（二）缩短工期，降低养护成本

沥青路面一旦出现病害，如不及时处治，在车辆荷载和环境因素的作用下会加速恶化，并由表及里向基层扩展，最终导致路面结构破坏，缩短路面使用寿命。及时对病害路面实施预防性养护和修复，对延长路面寿命、减少全寿命周期费用具有重要意义。传统的铣刨重铺虽然也能恢复路面功能，但施工工期长，成本高，还需要大量运输车辆和施工机械，严重影响道路通行能力。

现场热再生技术集铣刨、再生、摊铺于一体，通过专用的热再生设备实现旧料的加热、再生利用，并现场摊铺、碾压形成新的路面。相比于铣刨重铺，热再生技术具有施工机械化程度高、占用车道少、施工进度快等优点，可大幅压缩工期，减少交通干扰，降低施工成本。以 10 000 m^2 路面铣刨 40 mm、重铺 50 mm 为例，使用热再生摊铺设备只需 1~2 天即可完成，而采用传统工艺则需要 4~5 天，热再生的效率是传统工艺的 2~3 倍。热再生技术还可避免购置、运输大量新料的费用，每平方米路面可节约 30%以上的养护成本。较之于传统工艺，沥青混合料现场热再生具有明显的经济优势。

表 1-3　三种主要路面就地再生方式对比

再生方式	特点	优点	缺点	适用性
热再生	加热旧料，掺加新料、再生剂	施工效率高，可大幅提高路面性能	能耗较高，设备投资大	重交通道路预防养护、浅层修复
温再生	常温条件下掺拌新旧料	节能环保，投资少	再生料比例低，路用性能提升少	中低交通量道路养护
冷再生	使用乳化沥青作冷冻结料	节能环保，施工简便	早期强度低，易开裂、泛油	低交通量道路修复

（三）提高路面性能，延长使用寿命

由于新旧材料的有机结合，热再生路面往往表现出更优异的路用性能。一方面，通过科学配比新料掺量、再生剂用量等，可显著改善旧料的老化程度和物理力学性质。研究表明，掺加 20%~30%的新料和 0.4%~0.8%的再生剂，可使再生沥青混合料的针入度、延度等指标接近于原有水平，大幅提高混合料的抗老化能力。另一方面，通过对旧料进行筛分、除杂，优化级配，可改善再生沥青混合料的温度稳定性和抗车辙性能。试验表明，热再生沥青混合料的高温动稳定度可提高 20%以上，60 ℃动稳定度可达到 5 000 次/毫米以上，再生路面的高温性能和抗车辙能力远优于一般新建路面。

充分发挥旧料再利用的优势，热再生技术还可对路面的裂缝、松散、泛油等病害实现彻底治理，恢复路面的整体性和密实度，从而提高路面承载能力，改善路况，延长路面使用寿命。加拿大学者对安大略省高速公路热再生路段进行为期 7 年的跟踪调查，结果表明热再生路面的使用寿命可达 12~15 年，较一般新建沥青路面延长了 30%以上。美国堪萨斯州的研究也证实，对严重老化、开裂的路面实施热再生处治后，可将路面预期寿命从 6~8 年延长至 12~15 年以上，热再生路面的长期使用性能可与新建路面相媲美。

由此可见，热再生技术在恢复路面结构强度、延缓老化速率、改善路况等方面具有独特优势。与常规养护措施相比，热再生技术可同时实现路面功能性和结构性修复，在显著提升路面使用性能的同时，可大幅延长路面的设计寿命。因此，沥青路面热再生技术是一种集节能、环保、高效、经济于一体的绿色养护技术，代表了沥青路面养护的发展方向。

（四）创新养护模式，实现精细化管理

面对不断增长的公路养护需求与有限的养护资金之间的矛盾，传统的以新建为主、事后修复为辅的粗放式养护策略已难以为继。近年来，我国提出了“精养干线、中养普通、巡养农村”的差异化、精细化养护理念，强调对不同等级公路分类施策、因材施养。在这一背景下，兼顾预防性养护与修复功能的沥青路面热再生技术，无疑是实现公路精细化养护的一项关键技术。

通过热再生处治及时消除早期轻微病害，可延缓路面损坏进程，减少大中修频率和全寿命周期费用，实现“预防为主，防治结合，养重于修”的现代化养护模式转变。例如，对某条高速公路的不同路段采取差异化热再生策略，对轻度老化路段实施预防养护，每3~4年热再生一次，每次铣刨40 mm，补充15%新料；对中度病害路段实施中修，每5~7年热再生一次，每次铣刨50 mm，补充20%~30%新料；而对重度病害路段则实施大修，铣刨100 mm，全部采用新的热拌沥青混合料重铺。通过对路况的精准诊断和对症下药式的分类施治，既可充分利用旧料再生的经济性，又可最大限度发挥热再生的路面性能提升效果，实现路面养护效益最大化。

热再生技术还为道路全寿命周期的信息化和精细化管理提供了新思路。例如，利用热再生设备上的数据采集和监控系统，可实时记录铣刨深度、加热温度、新料掺量、摊铺速度等关键工艺参数；通过红外线扫描仪可实时监测再生路面的温度场分布特征；利用激光断面仪可快速检测再生路面的横坡、平整度等路况指标。这些技术的应用使得再生施工过程透明化、可视化，有助于实现智能化控制和质量追溯，推动再生养护管理向信息化、数字化方向发展。

此外，热再生施工具有路况适应性强、机动灵活的特点，为定制化和精细化的路面养护策略提供了有力支撑。例如，对坑洼、沉陷等局部病害，可采用就地加热、填平补齐的热修补工艺，做到“修必修好，不过不失”；对车辙、拥包等病害，可采用热铣刨、局部再生的工艺，对病害部位“区域治疗”，最大限度保留良好路面；而对网裂、龟裂等面域性病害，则可采用全幅热再生、整体提升的策略，彻底解决路面的结构性损害。由此可见，热再生技术为路面分类分级、精准治理提供了更多元化的技术手段，有助于实现将养护措施与路况需求精准匹配，推动公路养护管理从“以量补质”向“以质论效”转变。

综上所述，面对日益严峻的公路养护形势和日益突出的资源环境压力，大力发展沥青路面热再生技术是推动公路事业可持续发展的客观需求和必然选择。热再生技术在节约资源、保护环境、降低成本、改善路况等方面展现出巨大优势和广阔前景，代表了沥青路面养护的科学发展方向。通过热再生技术的创新应用，完善路况评价、寿命预估、材料优化等配套技术，建立完善的技术标准和管理规范，不断提升热再生的质量和效益，必将有力促进公路养护现代化水平的整体跃升。因此，大力推广沥青路面热再生技术，加快建立健全相关技术标准和管理体系，对于全面提升我国公路的建设品质和养护水平，推动交通运输事业高质量发展具有十分重要的意义。

第四节　国内外研究现状及发展趋势

沥青路面现场热再生技术始于20世纪30年代的美国，经过近一个世纪的发展，已成为国际上公认的一项成熟、先进的沥青路面预防性养护和修复技术。本节将围绕热再生装备、材料与工艺、应用与实践、管理与评价等方面，系统梳理国内外沥青路面热再生技术的研究现状，分析存在的问题，探讨未来的发展趋势，以期为我国沥青路面热再生技术的进一步研究与应用提供参考。

（一）国外研究与应用现状

1.美国的探索与实践

作为最早研究和应用沥青路面热再生技术的国家，美国在热再生装备研制、工艺优化、应用实践等方面走在世界前列。早在20世纪30年代，美国人卡特勒就发明了一种原始的就地热再生设备，通过加热铣刨、现场拌和的方式对旧路面材料进行回收再利用。70年代，美国环保署发布《资源保护和回收法案》，鼓励废旧材料的循环利用，推动了热再生技术的快速发展。

进入21世纪，美国热再生技术不断创新，装备水平持续提升。先后研制出布氏公司的KM系列、路通公司的RT系列、卡特彼勒公司的RM系列等一大批代表性热再生设备，生产效率可达200 t/h以上，最大作业宽度超过4.2 m，铣刨深度可达15 cm。同时，美国热再生工艺日趋精细化、智能化，再生料级配连续检测、再生剂喷射定量控制、再生沥青混合料温度场实时监测等技术广泛应用，显著提升了热再生的质量稳定性和过程可控性。

在应用实践方面，热再生已成为美国沥青路面预防性养护的主导技术。据统计，美国每年的沥青路面热再生量约为5 500万吨，高速公路热再生率普遍达到30%以上。各州基于热再生技术，建立了科学、高效的路面预防性养护体系。例如，得克萨斯州交通部制定了基于路况、交通、环境等因素的热再生决策方案，实施“及时行动”计划，在病害早期及时实施热再生干预，大幅延长了沥青路面寿命，节约了养护成本。加利福尼亚州交通部建立了热再生绩效评价体系，采用国际路面破损指数（PCI）、平整度（IRI）等指标对热再生路面进行综合评价，优化热再生方案，实现了精细化、动态化的热再生过程控制和质量管理。

2.欧洲国家的研究与应用

20世纪80年代起，欧洲各国开始大力发展沥青路面热再生技术，取得了丰硕成果。德国是最早开展热再生研究的欧洲国家之一，其热再生技术以温拌工艺见长，通过在再生过程中掺加温拌添加剂，在降低生产温度30~40 ℃的同时，显著提高了热再生沥青混合料的工作性能和路用性能。德国维特根公司是全球知名的热再生设备制造商，其生产的CR4200、CR5200、CR6200等系列热再生设备以高效、环保、智能著称，铣刨宽度最大可达4.4 m，再生深度可达32 cm，广泛应用于德国、法国、英国等国家的热再生工程。

法国是欧洲热再生技术的领跑者，热再生处治的公路里程占沥青路面总里程的30%以上。法国热再生多采用就地热再生与厂拌热再生相结合的方式，新增沥青混合料厚度一般控制在 5 cm 以内，每隔 7~10 年对路面实施一次热再生，可使路面使用寿命延长 30%~40%。法国的热再生技术突出强调环境友好性，研发了一系列低碳环保型热再生添加剂和再生剂，在降低沥青老化程度的同时，显著降低了热再生过程的碳排放。法国的热再生管理体系也较为完善，交通部专门出台了热再生技术指南和质量评定规范，对热再生沥青混合料的组成、性能、施工等提出了明确要求，并采用功能性指标对热再生路面进行考核，确保了热再生工程质量。

英国热再生技术起步较晚，但发展迅速。在此背景下，英国大力开展热再生基础研究和应用推广，重点攻克了热再生路面早期强度发展缓慢、开放交通时间长等技术难题，研发了活性填料、改性再生剂等一系列促进热再生沥青混合料强度发展的新材料。英国 WRAP（非政府组织）协会建立了面向全社会的再生路面材料信息管理系统和供需交易平台，有效促进了高速公路废旧路面材料的循环利用。

3.日本和澳大利亚的应用实践

日本自 20 世纪 70 年代开始关注沥青路面材料的回收利用。1984 年，日本建设省发布了促进废旧路面材料再利用的指导方针，标志着日本热再生技术步入工程化应用阶段。此后，日本先后制定了一系列热再生技术规范和指南，在热再生原材料要求、配合比设计、施工工艺、验收标准等方面提出了明确规定。同时，日本学术界围绕热再生路面材料特性、再生剂作用机理、复合改性技术等开展了大量研究，研发了一批高性能改性沥青、功能性添加剂等新型热再生材料。

在应用实践方面，日本充分利用温暖湿润的气候条件，发展出一套适用于自身国情的热再生技术路线。日本的热再生技术以就地热再生为主，现场拌和、摊铺、碾压一次成型，生产效率高、路面压实度好，施工后 2~3 h 即可开放交通，再生路面路况平整、噪声低、抗滑性能好，综合效益显著。目前，日本的沥青路面现场热再生量已占公路沥青路面养护总量的 60%以上，东名、名神等高速公路的热再生率更是高达 90%，实现了沥青路面废料的资源化、产业化利用。

澳大利亚幅员辽阔，公路养护需求旺盛，是南半球热再生技术的应用大国。20 世纪 90 年代，澳大利亚联邦政府提出“绿色公路”倡议，鼓励采用环保、循环的路面养护技术，推动了热再生技术的快速发展。澳大利亚热再生主要采用“热铣刨+厂拌热再生+现场摊铺”的工艺路线，新料掺量 30%~50%，再生路面可承受 3 000 万标准轴载的重载交通。澳大利亚的热再生材料以废旧橡胶改性沥青著称，通过在再生过程中掺加废旧轮胎橡胶粉末，显著提高了沥青的高温稳定性和低温抗裂性，改善了路面的柔韧性和耐久性。同时，澳大利亚注重热再生专用设备的研发，其 Natpave 热再生摊铺机、JetPatcher 热再生修补车等系列产品以机动灵活、作业高效著称，成为澳大利亚乃至全球热再生市场的主力军。

（二）国内研究现状及进展

与国外相比，我国沥青路面热再生技术起步较晚，20 世纪 90 年代开始引入。经过近 30 年的发展，我国在热再生装备研制、材料与工艺、应用推广等方面取得了长足进步，形成了一套较为完善的热再生理论体系和实践经验，为传统公路养护模式的转型升级提供了有力技术支撑。

1.热再生装备的研制

进入 21 世纪，国内外热再生装备制造商纷纷进入中国市场，推动了国内热再生装备制造业的快速发展。徐工、三一重工、鼎盛天工等国内知名工程机械企业，通过消化吸收国外先进技术，结合工程实践不断创新，研制出 XLZ、SAR、DTC9 等系列国产热再生设备。与国外同类产品相比，国产热再生装备在动力匹配、加热方式、除尘装置等方面进行了适应性改进，更加适合我国复杂多变的工况条件。同时，国内设备的产能规模、智能化水平不断提升，最大再生宽度可达 4.5 m、最大铣刨深度超过 35 cm 的大吨位多功能热再生机日益成为主流。研究表明，目前国产热再生设备的生产效率可达 400 t/h 以上，能耗相比进口设备降低 15%以上，使用性能和可靠性优于同期进口设备。

尽管如此，国产热再生装备在产品系列化、智能化、节能化等方面仍存在不足。一是产品种类单一，缺乏大型多功能、专用高端热再生设备；二是集成化、模块化水平不高，关键零部件核心技术有待突破；三是数字化、智能化水平不足，缺乏实时监控、自适应控制等技术。未来，国内热再生装备的研发应聚焦专用高端、节能环保、数字智能等方向，加强基础零部件关键技术研发，发展模块化、柔性化的集成设计技术，推动设备的智能制造、精细养护，更好地支撑热再生产业高质量发展。

2.材料与工艺研究

近年来，国内学者围绕热再生沥青混合料组成设计、性能评价与提升等开展了大量研究，为优化热再生工艺、指导工程实践提供了科学依据。在热再生沥青混合料组成方面，针对再生料老化、级配不连续等特点，提出了基于显微图像分析和级配优化的再生料定量评价方法和组分设计方法，为合理确定新料掺量、优化矿料级配、改善混合料路用性能提供了新思路。在性能评价方面，系统开展了热再生沥青混合料的高温性能、水稳定性、抗疲劳性等室内试验研究，揭示了再生料与新料比例、再生剂用量、混合工艺等因素对再生沥青混合料性能的影响规律。同时，构建了热再生路面长期使用性能演变趋势预测模型，评价了不同热再生工艺路面的使用寿命，为合理确定热再生周期、优化热再生工艺提供了理论依据。

针对提高热再生路面使用性能，近年来开展了多项新材料、新工艺研究。掺加橡胶粉、炼钢矿渣等废弃物改性再生材料，可有效改善热再生沥青混合料的高温稳定性和抗车辙性能；采用高黏度沥青、SBS 改性沥青作新增材料，可显著提高再生路面的高低温性能和抗疲劳性能；优化新旧料配比，合理控制再生剂用量，采用温拌工艺，可在降低生产温度、减少碳排放的同时提高热再生沥青混合料的工作性能。

3.工程应用与实践

近十余年来，我国热再生技术从实验探索走向工程应用，规模不断扩大，水平持续提升。2008 年，湖南省高速公路首次大规模采用热再生技术对长浏高速公路实施预防性养护，标志着我国热再生技术进入工程化应用阶段。此后，北京市、江苏省、浙江省、山东省等经济发达地区纷纷出台热再生技术应用指导意见，大力推广就地热再生、铣刨热再生等新型路面养护技术。据不完全统计，2020 年我国沥青路面热再生总量已达 2 亿吨，再生路面占新建沥青路面的比例超过 15%，为化解传统公路养护“大修大补”困局，构建“预防为主、精准养护”的可持续养护新模式提供了有力支撑。

工程实践表明，与常规罩面、换面等措施相比，热再生路面具有明显的综合效益优势。例如，江苏省新沂至新安高速公路采用热再生技术对病害路段进行处治，再生路面各项性能指标均达到技术规范要求，高温车辙动稳定度提高 30%以上，再生后路面平整度由 4.4 m/km 改善至 1.6 m/km 以下，使用寿命可延长 3~5 年。浙江省杭新景高速公路采用热再生技术对水泥混凝土路面实施改造，铣刨深度 10 cm，新增加热料厚度 4 cm，改造后再生路面的高温稳定性、低温抗裂性和水稳定性均优于常规沥青路面。山东省济广高速公路日照至曲阜段采用热再生技术替代传统罩面施工，每公里造价降低 30%以上，综合效益突出。

尽管取得积极进展，但当前我国热再生技术的应用还不够广泛、规范和系统，主要存在以下问题：一是东部与中西部地区发展不平衡，中西部地区热再生率普遍不足 5%；二是热再生工程的质量控制体系不够健全，施工和验收规范有待完善；三是配套政策标准滞后，缺乏行之有效的再生料分类管理制度和绩效评价办法。总体来看，与欧美发达国家相比，我国热再生技术的应用尚处于起步阶段，未来发展空间广阔。

（三）存在问题与发展趋势

1.存在的主要问题

纵观国内外热再生技术的研究现状可以看出，经过半个多世纪的发展，热再生已成为国际上公认的一项成熟、先进的沥青路面养护技术，但在实际应用中仍面临一些亟待解决的共性问题。

（1）热再生路面早期强度增长缓慢、车辙稳定性差，开放交通时间长，易发生早期损坏。

（2）现有再生剂品种单一，与老化沥青相容性差，再生效果不佳，热再生路面耐久性有待提高。

（3）热再生过程温度场与应力场耦合作用机理尚不明确，再生料的加热温度、搅拌时间等关键参数缺乏理论指导。

（4）热再生路面的长期使用性能预测和全寿命周期评价方法尚不完善，难以科学合理地确定热再生周期和养护策略。

（5）热再生施工过程缺乏有效的实时监测与智能化控制手段，再生料级配、含水率等质量控制指标难以保障。

（6）热再生技术标准规范不统一、不配套，再生料分级利用途径不通畅，行业监管存在盲区。

2.未来的发展趋势

针对上述问题，未来沥青路面热再生技术的研究应重点关注材料、工艺、装备、检测评价等方面，不断创新热再生理念，完善再生体系，促进热再生技术由表及里、由硬到软、由局部到系统的整体跃升和集成创新，推动公路养护模式向集约高效、智能精细方向升级。

（1）开发高性能再生专用材料。未来应着眼于提高再生路面早期强度和使用寿命，重点研发与老化沥青相容性好、再生效率高的新型再生剂，开发热塑性橡胶粉等多功能外掺料，研究中温快凝、常温快硬等新型再生结合料，构建热再生材料动态优选配比方法，最大限度发挥再生路面材料潜力。

（2）创新绿色智能化热再生工艺。加强热再生过程机理研究，揭示不同工艺参数对混合料性能演变规律的影响，建立热再生工艺参数库。研究热再生专用添加剂、温拌剂的应用，发展低碳环保型热再生工艺。开发热再生智能喷射系统，实现沥青、再生剂、外加料的精确计量和均匀喷洒。建立热再生沥青混合料性能的快速评价、动态优化方法，实现生产过程智能化调控。

（3）研制新一代智慧化热再生装备。加强热再生设备关键部件的数字化设计、集成化制造，提高设备的可靠性、一致性。开发具备铣刨/再生/摊铺多功能一体化作业能力的复合型热再生设备，实现“热铣热再生”工艺。研制搭载物联网、大数据、人工智能等新技术的智慧化热再生设备，建立施工参数库和工况感知网络，实现设备群协同作业、自主优化。

（4）建立完善的检测评价标准。加强再生路面长期使用性能跟踪监测，揭示荷载-环境-材料耦合作用下再生路面性能演变规律，建立热再生路面全寿命周期性能预估模型。开发无损快速检测设备，建立热再生沥青混合料关键质量指标的动态评价方法。制定针对不同交通等级、环境条件的热再生沥青混合料分级评定标准，建立差异化的再生路面验收规范。

（5）完善热再生技术政策标准体系。进一步健全热再生技术标准，完善热再生工程质量监督管理制度和考核办法。制定废旧路面材料分类管理、梯级利用的行业规范，完善再生料资源化利用的溯源和责任机制。探索建立热再生工程绩效评价和增值付费机制，调动社会资本投资热再生产业的积极性。加强再生路面材料信息化管控，推动大数据、区块链等新技术在再生路面全生命周期智慧化管养中的应用。

表 1-4 沥青路面热再生技术的发展阶段与展望

发展阶段	年份	技术特点	代表性成果
探索期	20 世纪 30 年代	就地加热回收、简易设备、低再生率	美国卡特勒公司热再生设备
发展期	20 世纪 70 年代	铣刨再生、先进设备、中等再生率	美国国家沥青路面协会热再生技术规范
成熟期	20 世纪 90 年代	材料改性、温拌工艺、高再生率	德国维特根公司温拌热再生技术
创新期	21 世纪 20 年代	材料定制化、装备智能化、功能一体化	中国定制化外掺料及热再生专用设备
展望	21 世纪中期	绿色低碳化、多功能复合化、全寿命周期化	高性能再生材料体系和智慧化管养平台

未来 20 年，随着交通基础设施加快向数字化、网联化、智能化升级，沥青路面热再生技术也将迎来新的发展机遇。在新材料、新工艺、新装备的驱动下，热再生路面将从单一功能向多功能一体化方向发展，从静态设计向动态感知与响应方向升级，从局部修复向全寿命周期治理方向延伸。通过构建标准统一、分级合理的高性能再生材料技术体系，研发绿色智能化的热再生专用设备，建立完善的质量监管与绩效评价制度，形成多方参与、利益共享的产业发展新格局，热再生技术的综合效益将得到充分释放，必将在未来交通基础设施高质量发展中发挥更加重要的作用。

第二章　沥青混合料性能分析

第一节　沥青混合料的性能指标

沥青混合料是由粗细集料、填料和沥青组成的多相复合材料，广泛应用于公路、机场、港口等交通基础设施的路面铺装。沥青混合料的性能直接决定了沥青路面的使用寿命和服役质量。为确保沥青路面的耐久性、安全性和舒适性，需从路用性能、力学性能、功能性能等方面对沥青混合料的性能进行全面考察和精准把控。

（一）路用性能指标

路用性能是评价沥青混合料在实际道路使用条件下综合性能的重要指标，主要包括高温稳定性、低温抗裂性、抗水损害性、抗疲劳性等。

1.高温稳定性

高温稳定性反映了沥青混合料在高温条件下抵抗车辙、波浪、泛油等永久变形的能力，是评价沥青路面耐久性的关键指标。目前常用的高温性能评价指标有马歇尔稳定度(MS)、动态稳定度(DS)、累积塑性变形量(P_{p})等。

马歇尔稳定度试验是传统的高温性能评价方法，通过测定混合料在 60 ℃条件下的稳定度和流值，间接评价混合料抵抗变形的能力。马歇尔稳定度可按下式计算：

$$MS = \frac{P}{C} \tag{2-1}$$

式中：MS为马歇尔稳定度；P为最大荷载；C为修正系数，视试件高度而定。

动态稳定度试验采用方波荷载模拟车辆荷载的动态作用效应，考察混合料在反复荷载作用下的累积变形特性，计算公式为：

$$DS = \frac{n}{d_{60}-d_{45}} \tag{2-2}$$

式中：DS为动态稳定度；n为荷载作用总次数；d_{45}和d_{60}分别为 45 min 和 60 min 时的累积变形量。

近年来，车辙试验被认为是最能反映沥青混合料实际路用性能的高温评价方法。车辙试验通过模拟车辆荷载的压力和温度条件，连续测量试件的累积塑性变形量，评价混合料的高温稳定性。累积塑性变形量P_{p}按下式计算：

$$P_{\mathrm{p}} = \frac{h_1 - h_2}{h_1} \times 100\% \tag{2-3}$$

式中：P_{p}为累积塑性变形量；h_1和h_2分别为试验前后试件高度。

2.低温抗裂性

低温抗裂性反映了沥青混合料在低温环境下抵抗温度应力开裂的能力，是评价沥青路面耐久性的另一项关键指标。沥青混合料在低温条件下会变得脆硬，在温度应力和车辆荷载的联合作用下容易产生低温开裂。低温弯曲试验和低温劈裂试验是评价混合料低温性能的常用方法。

低温弯曲试验采用恒荷载或恒变形速率加载模式，测试−10 ℃条件下梁形试件的抗弯强度R_{B}和最大弯曲应变ε_{B}，计算公式如下：

$$R_{\mathrm{B}} = \frac{3LP_{\mathrm{B}}}{2bh^2} \tag{2-4}$$

$$\varepsilon_{\mathrm{B}} = \frac{6hd}{L^2} \times 10^6 \tag{2-5}$$

式中：R_{B}为抗弯强度；P_{B}为最大弯曲荷载；L、b、h分别为梁形试件的跨距、宽度和高度；ε_{B}为最大弯曲应变；d为跨中最大挠度。

低温劈裂试验采用半圆形试件，通过测定-10 ℃条件下试件的劈裂强度R_{T}，评价混合料的抗低温开裂性能，其计算公式为：

$$R_{\mathrm{T}} = \frac{2P_{\mathrm{T}}}{\pi DL} \tag{2-6}$$

式中：R_{T}为劈裂强度；P_{T}为最大劈裂荷载；D和L分别为劈裂试件的直径和厚度。

3.抗水损害性

抗水损害性反映了沥青混合料在水的作用下保持内聚力和黏附力的能力，是评价沥青路面耐久性和安全性的重要指标。水会破坏沥青与集料间的黏附作用，导致沥青混合料强度和稳定性下降，引发路面的剥落、坑槽等病害。冻融劈裂试验和浸水马歇尔试验是评价混合料抗水损害性能的代表性方法。

冻融劈裂试验采用冻融循环模拟水分作用，通过测定试件冻融前后的劈裂强度比TSR，定量评价混合料的抗剥落性能，其计算公式为：

$$TSR = R_{T_2}/R_{T_1} \times 100\% \tag{2-7}$$

式中：TSR为劈裂强度比；R_{T_1}和R_{T_2}分别为冻融前后的劈裂强度。

浸水马歇尔试验采用真空饱水方法模拟水分作用，通过测定试件浸水前后的马歇尔稳定度比MSR，评价混合料的耐水稳定性，其计算公式为：

$$MSR=\frac{MS_2}{MS_1}\times 100\% \tag{2-8}$$

式中：MSR为浸水马歇尔稳定度比；MS_1和MS_2分别为浸水前后的马歇尔稳定度。

4.抗疲劳性

抗疲劳性反映了沥青混合料在车辆荷载的长期反复作用下抵抗疲劳破坏的能力，是评价沥青路面使用寿命的核心指标。疲劳破坏是由于混合料内部产生微观裂纹并逐渐扩展引起的，表现为路面的网裂、散裂等病害。四点弯曲试验和间接拉伸试验是评价混合料抗疲劳性能的主要方法。

四点弯曲疲劳试验对梁形试件施加正弦荷载，通过控制加载应力或应变幅值，测试试件的疲劳寿命N_{f}，其计算公式为：

$$N_{\mathrm{f}}=k\left(\frac{1}{\varepsilon_{\mathrm{t}}}\right)^n \tag{2-9}$$

式中：N_{f}为疲劳寿命；ε_{t}为拉应变幅值；k和n为材料常数，反映混合料的抗疲劳特性。

间接拉伸疲劳试验对圆柱形试件施加重复荷载，通过测试试件的劈裂强度比，评价混合料的抗疲劳性能。间接拉伸疲劳寿命N_{T}按下式计算：

$$N_T=k\left(\frac{1}{\sigma_0}\right)^n \tag{2-10}$$

式中：N_{T}为间接拉伸疲劳寿命；σ_0为初始拉应力；k和n为疲劳方程参数。

（二）力学性能指标

力学性能是评价沥青混合料在外荷载作用下的应力-应变特性和变形规律的重要指标，主要包括模量、泊松比、强度、应变等参数。

1.模量

模量反映了材料抵抗变形的能力，是评价沥青混合料刚度和承载能力的关键指标。根据试验条件和加载方式的不同，沥青混合料的模量可分为动态模量、弹性模量、回弹模量等。动态模量试验是采用正弦荷载测试混合料的模量和相位角等动态特性参量，其中复模量E^*可表示为：

$$E^*=\frac{\sigma_0}{\varepsilon_0}=E'+\mathrm{i}E'' \tag{2-11}$$

式中：E^*为复模量；σ_0和ε_0分别为应力和应变幅值；E'为储能模量，反映材料的弹性特性；E''为损耗模量，反映材料的黏性特性；i 为虚数单位。

2.泊松比

泊松比反映了材料在单向受力时横向和纵向变形的比值，是评价沥青混合料变形特性的重要参量。沥青混合料的泊松比可通过间接拉伸试验测得，其计算公式为：

$$\mu = \frac{\varepsilon_h}{\varepsilon_v} \tag{2-12}$$

式中：μ为泊松比；ε_h和ε_v分别为水平和垂直方向的应变。

3.强度

强度反映了材料抵抗破坏的能力，是评价沥青混合料极限承载力的重要指标。根据加载方式的不同，沥青混合料的强度指标可分为抗压强度、抗拉强度、抗剪强度等。马歇尔稳定度可用于评价混合料的抗压强度，而间接拉伸强度R_{IT}可按下式计算：

$$R_{IT} = \frac{2P}{\pi dh} \tag{2-13}$$

式中：R_{IT}为间接拉伸强度；P为最大荷载；d和h分别为试件直径和高度。

4.应变

应变反映了材料在荷载作用下的变形程度，可表征沥青混合料的柔韧性和延展性。根据变形特性的不同，常用的应变指标有弹性应变、塑性应变、总应变等。沥青混合料的弹性应变可通过动态模量试验测得，塑性应变可通过车辙试验测得，而总应变则可通过万能试验机测试应力-应变曲线获取。

表 2-1 沥青混合料性能指标及试验方法

性能类别	评价指标	试验方法	性能类别	评价指标	试验方法
路用性能	高温稳定性	马歇尔稳定度试验	力学性能	模量	动态模量试验
		动态稳定度试验			弹性模量试验
		车辙试验			回弹模量试验
	低温抗裂性	低温弯曲试验		泊松比	间接拉伸试验
		低温劈裂试验		强度	马歇尔稳定度试验
	抗水损害性	冻融劈裂试验			间接拉伸强度试验
		马歇尔稳定度试验		应变	动态模量试验
	抗疲劳性	四点弯曲疲劳试验			车辙试验
		间接拉伸疲劳试验			应力-应变曲线试验

（三）功能性能指标

功能性能指标是近年来提出的一类反映沥青路面使用性能和可持续性的评价指标，主要包括降噪性能、透水性能、光反射性能、导电性能等，这些性能指标并非沥青混合料的传统力学性能，但对提高路面的环保性、安全性、舒适性等具有重要意义。

1.降噪性能

交通噪声污染已成为影响城市环境质量和居民生活质量的重要因素。发展低噪声路面已成为控制交通噪声的重要手段。沥青路面的降噪性能主要取决于路表面宏观构造和混合料的孔隙结构特性。目前，降噪性能评价指标主要有动态吸声系数、车内噪声值等。

动态吸声系数反映了路面对噪声的吸收能力，采用垂直入射吸声系数法测定，计算公式为：

$$\alpha = 1 - \left|\frac{Z_2-\rho c}{Z_2+\rho c}\right|^2 \tag{2-14}$$

式中：α为动态吸声系数；Z_2为路面声阻抗；ρ为空气密度；c为声速。

车内噪声值采用车载式噪声测试系统，对比测试不同路面车内噪声水平，间接评价路面的降噪性能。

2.透水性能

透水性能是指沥青路面快速排除路表水的能力，是防范路面积水和水漂现象，保障行车安全的关键性能。沥青混合料的透水性能主要取决于级配类型和空隙率，开级配和排水性级配的透水性能优于密级配。渗水系数是评价混合料透水性能的主要指标，采用定水头法测定，计算公式为：

$$k = \frac{QL}{Ath} \tag{2-15}$$

式中：k为渗水系数；Q为渗水量；L为试件厚度；A为试件横截面积；t为渗水时间；h为水头高度。

3.光反射性能

光反射性能反映了路面反射自然光的能力，是夜间驾驶视距和安全性的重要影响因素。光反射性能的评价指标主要有亮度系数和逆反射系数。亮度系数反映了路面的明亮程度，采用亮度计法测定，计算公式为：

$$Q_{\mathrm{d}} = \frac{L_{\mathrm{r}}}{E_{\mathrm{h}}} \times 100\% \tag{2-16}$$

式中：Q_{d}为亮度系数；L_{r}为路面亮度；E_{h}为水平面照度。

逆反射系数反映了路面逆反射光的强度，采用逆反射系数测试仪测定，计算公式为：

$$R_{\mathrm{L}} = \frac{I}{E_{\perp}} \tag{2-17}$$

式中：R_{L}为逆反射系数；I为逆反射光强；$E_{\perp}$为垂直面照度。

沥青混合料通过掺加反光玻璃珠等材料可显著提高路面的光反射性能。

4.导电性能

导电性能是指路面耗散和传导静电荷的能力，对于保障加油站等特殊路段的防静电安全具有重要意义。沥青混合料的导电性能主要取决于集料和填料的导电特性。体积电阻率和表面电阻率是评价混合料导电性能的主要参数，分别采用体积电阻率测定仪和表面电阻率测定仪测试。

沥青混合料掺加导电添加剂如碳纤维、石墨烯等可显著提高路面的导电性能。

综上所述，沥青混合料作为一种复杂的多组分体系，其使用性能不仅取决于自身的组成和结构，还与外界环境条件密切相关。路用性能、力学性能、功能性能等是评价沥青混合料性能的核心指标，全面准确地测试与评价混合料的各项性能指标，建立性能指标与路面服役性能的相关性，对于指导混合料配合比设计、预测沥青路面使用寿命、提高路面养护决策的科学性具有重要意义。未来应加强多尺度、多参数条件下沥青混合料性能演变机理的研究，建立并完善反映路面实际受力状态的性能评价方法和指标体系，为新型高性能沥青混合料的研发应用提供理论与技术支撑。同时，研究功能型沥青混合料的组成设计和性能评价方法，拓展沥青路面的降噪、透水、光反射、导电等特殊功能，推动沥青路面品质和性能的全面提升。

表 2-2　功能型沥青混合料的分类及性能特点

功能类型	代表性混合料	性能特点
降噪	开级配排水混合料	高空隙率，吸音降噪
	多孔吸音混合料	表面多孔，内部连通，吸音降噪
	橡胶沥青混合料	低噪声，高弹性，减振降噪
透水	开级配排水混合料	高空隙率，快速排水
	超薄式排水混合料	薄层铺筑，高渗透性
	半柔性排水混合料	高强度，高透水性
光反射	高反光玻璃珠混合料	掺加反光玻璃珠，高亮度，高逆反射
	彩色防滑混合料	掺加彩色集料，防滑耐磨，美化环境
导电	导电纤维沥青混合料	掺加导电纤维，高导电性
	导电填料沥青混合料	掺加导电填料，防静电

第二节　沥青混合料的老化过程与性能变化

沥青混合料的老化是一个复杂的过程，涉及多种物理和化学变化。在长期使用过程中，沥青混合料会受到环境因素和交通荷载的影响，导致其性能逐渐退化。了解沥青混合料的老化过程和性能变化对于延长路面使用寿命和优化养护策略具有重要意义。本节将从以下几个方面对沥青混合料的老化过程与性能变化进行探讨。

（一）沥青混合料老化的主要影响因素

沥青混合料的老化过程受到多种因素的影响，主要包括以下几个方面：

1.环境因素

环境因素是影响沥青混合料老化的重要因素之一。温度、湿度、紫外线辐射等环境条件的变化会加速沥青混合料的老化进程。高温环境下，沥青混合料中的沥青会发生氧化反应，导致其性能下降；低温环境下，沥青混合料会变得脆化，抗裂性能降低。此外，湿度的变化会影响沥青混合料中的水分含量，进而影响其黏结性能和抗剥落性能。紫外线辐射会加速沥青混合料表面的氧化反应，导致表面老化加剧。

2.交通荷载

交通荷载是另一个重要的影响因素。车辆的反复碾压会导致沥青混合料产生疲劳损伤，降低其抗裂性能和耐久性。重型车辆的荷载会加速这一过程，导致路面出现车辙、裂缝等病害。此外，交通荷载还会导致沥青混合料中的集料产生磨耗，影响其抗滑性能。

3.材料组成

沥青混合料的材料组成也会影响其老化过程。不同品质的沥青和集料会表现出不同的老化特性。高品质的沥青具有更好的抗老化性能，而低品质的沥青则更容易发生氧化反应。集料的种类、级配、形状等因素也会影响沥青混合料的老化过程。例如，含有较多针片状集料的混合料更容易产生疲劳损伤，而级配不合理的混合料则更容易出现车辙等病害。

4.施工工艺

施工工艺的质量也会对沥青混合料的老化过程产生影响。不当的施工操作，如温度控制不当、压实度不足等，会导致沥青混合料的初始性能下降，加速其老化进程。此外，施工过程中的污染也会影响沥青混合料的性能，如施工设备漏油、燃料污染等。

（二）沥青混合料老化过程中的物理变化

在老化过程中，沥青混合料会发生一系列物理变化，主要包括以下几个方面：

1.硬度增加

随着老化的进行，沥青混合料的硬度会逐渐增加。这主要是由于沥青中的轻质组分挥发，重质组分比例增加所致。硬度的增加会导致沥青混合料变得脆化，抗裂性能下降。同时，硬度的增加也会影响沥青混合料的低温性能，导致其在低温环境下更容易产生温度裂缝。

2.黏度增加

老化过程中，沥青混合料的黏度也会逐渐增加。这主要是由于沥青中的胶质组分发生了聚合反应，形成了更大的分子结构。黏度的增加会影响沥青混合料的工作性能，导致其更难以压实和铺筑。同时，黏度的增加也会影响沥青混合料的黏结性能，导致其更容易发生剥落、脱空等病害。

3.体积变化

在老化过程中，沥青混合料会发生一定的体积变化。这主要是由于沥青的氧化反应导致其密度增加所致。体积的变化会影响沥青混合料的空隙率和饱和度，进而影响其抗水损害性能和透水性能。同时，体积变化也会导致路面产生不均匀变形，影响行车舒适性。

4.表面能变化

老化过程中，沥青混合料的表面能也会发生变化。这主要是由于沥青表面的氧化反应导致其极性增加所致。表面能的变化会影响沥青混合料的黏附性能，导致其与集料的黏结力下降，更容易发生剥落、脱空等病害。同时，表面能的变化也会影响沥青混合料的抗水损害性能，导致其更容易受到水的侵蚀。

（三）沥青混合料老化过程中的化学变化

除了物理变化外，沥青混合料在老化过程中还会发生一系列化学变化，主要包括以下几个方面：

1.氧化反应

氧化反应是沥青混合料老化过程中最主要的化学变化之一。在高温和氧气的作用下，沥青中的烃类物质会发生氧化反应，生成含氧官能团，如羰基、羟基等。这些含氧官能团会导致沥青分子间的相互作用力增加，从而影响沥青混合料的物理性能，如硬度增加、黏度增加等。同时，氧化反应也会导致沥青中的胶质组分发生聚合，形成更大的分子结构，进一步影响沥青混合料的性能。

2.硫化反应

除了氧化反应外，硫化反应也是沥青混合料老化过程中的重要化学变化之一。在高温和硫的作用下，沥青中的烃类物质会发生硫化反应，生成含硫官能团，如硫醚、二硫化物等。这些含硫官能团会导致沥青分子间的交联反应，形成三维网络结构，从而影响沥青混合料的物理性能，如硬度增加、黏度增加等。同时，硫化反应也会导致沥青中的胶质组分发生聚合，进一步影响沥青混合料的性能。

3.聚合反应

在老化过程中，沥青中的胶质组分会发生聚合反应，形成更大的分子结构。这主要是由于氧化反应和硫化反应导致沥青分子间的相互作用力增加所致。聚合反应会导致沥青混合料的黏度增加，影响其工作性能和黏结性能。同时，聚合反应也会导致沥青中的芳香族化合物减少，影响其抗老化性能。

4.降解反应

除了上述反应外，沥青混合料在老化过程中还会发生一定的降解反应。这主要是由于高温和氧气的作用导致沥青中的某些化合物发生裂解所致。降解反应会导致沥青中的轻质组分挥发，影响其物理性能，如硬度增加、黏度增加等。同时，降解反应也会导致沥青中的某些化合物转化为更小的分子结构，如酸、醛等，进一步影响沥青混合料的性能。

（四）沥青混合料老化过程中的性能变化

在老化过程中，沥青混合料的性能会发生一系列变化，主要包括以下几个方面：

1.抗裂性能下降

随着老化的进行，沥青混合料的抗裂性能会逐渐下降。这主要是由于沥青硬度增加、黏度增加等物理变化所致。抗裂性能的下降会导致路面更容易产生温度裂缝、反射裂缝等病害，影响路面的使用寿命。为了延长路面的使用寿命，需要采取相应的养护措施，如封层、贴缝带等，以提高沥青混合料的抗裂性能。

2.抗车辙性能下降

老化过程中，沥青混合料的抗车辙性能也会逐渐下降。这主要是由于沥青混合料的硬度增加、黏度增加等物理变化所致。抗车辙性能的下降会导致路面更容易产生车辙、拥包等病害，影响行车安全和舒适性。为了提高沥青混合料的抗车辙性能，需要优化混合料的级配设计，提高混合料的高温稳定性。同时，也可以采用抗车辙剂等添加剂来改善沥青混合料的抗车辙性能。

3.抗水损害性能下降

在老化过程中，沥青混合料的抗水损害性能也会逐渐下降。这主要是由于沥青表面能变化、黏附性能下降等化学变化所致。抗水损害性能的下降会导致路面更容易发生剥落、脱空等病害，影响路面的耐久性。为了提高沥青混合料的抗水损害性能，需要优化混合料的配比设计，提高沥青与集料的黏附性能。同时，也可以采用抗剥落剂等添加剂来改善沥青混合料的抗水损害性能。

4.低温性能下降

随着老化的进行，沥青混合料的低温性能也会逐渐下降。这主要是由于沥青硬度增加、脆性增加等物理变化所致。低温性能的下降会导致路面在低温环境下更容易产生温度裂缝，影响路面的使用寿命。为了提高沥青混合料的低温性能，需要优化沥青的品质，选用低温性能好的沥青。同时，也可以采用聚合物改性沥青、橡胶沥青等特种沥青来改善沥青混合料的低温性能。

（五）沥青混合料老化性能的评价方法

为了评价沥青混合料的老化性能，可以采用多种试验方法，主要包括以下几种：

1.针入度试验

针入度试验是评价沥青硬度的常用方法。通过测量老化前后沥青的针入度变化，可以评价沥青混合料的老化程度。针入度试验的结果可以用来预测沥青混合料的抗裂性能、抗车辙性能等。

2.软化点试验

软化点试验是评价沥青高温性能的常用方法。通过测量老化前后沥青的软化点变化，可以评价沥青混合料的耐高温性能。软化点试验的结果可以用来预测沥青混合料的抗车辙性能。

3.黏度试验

黏度试验是评价沥青流变性能的常用方法。通过测量老化前后沥青的黏度变化，可以评价沥青混合料的工作性能和黏结性能。黏度试验的结果可以用来优化沥青混合料的配比设计，提高其施工和使用性能。

4.红外光谱分析

红外光谱分析是评价沥青化学组成的常用方法。通过分析老化前后沥青的红外光谱变化，可以评价沥青混合料的老化机理和程度。红外光谱分析的结果可以用来指导沥青混合料的改性和再生利用。

5.力学性能试验

力学性能试验是评价沥青混合料综合性能的常用方法。通过测量老化前后沥青混合料的抗裂性能、抗车辙性能、抗水损害性能等力学指标，可以直观地评价沥青混合料的老化程度和使用性能。力学性能试验的结果可以用来指导沥青混合料的设计和应用。

表 2-3 总结了几种常用的沥青混合料老化性能评价方法及其适用范围：

表 2-3　常用的沥青混合料老化性能评价方法及其适用范围

评价方法	评价指标	适用范围
针入度试验	硬度	评价沥青混合料的抗裂性能、抗车辙性能等
软化点试验	高温性能	评价沥青混合料的抗车辙性能
黏度试验	流变性能	评价沥青混合料的工作性能和黏结性能
红外光谱分析	化学组成	评价沥青混合料的老化机理和程度
力学性能试验	综合性能	评价沥青混合料的抗裂性能、抗车辙性能、抗水损害性能等

通过采用多种评价方法，可以全面地评价沥青混合料的老化性能，为其设计和应用提供可靠的依据。同时，还需要结合实际工程需求，选择合适的评价方法和指标，以确保沥青混合料的性能满足使用要求。

（六）沥青混合料老化的预防与控制措施

为了延长沥青混合料的使用寿命，减少老化对路面性能的影响，需要采取相应的预防与控制措施，主要包括以下几个方面：

1.优化沥青混合料配合比设计

合理的配合比设计是预防沥青混合料老化的重要措施之一。通过优化集料级配、选用高品质沥青、添加抗老化剂等措施，可以提高沥青混合料的抗老化性能。例如，采用连续级配可以减少混合料的空隙率，降低氧化反应的速率；选用高软化点、高黏度的沥青可以提高混合料的高温稳定性和抗车辙性能；添加抗氧化剂可以延缓沥青的氧化反应，提高其抗老化性能。

2.加强施工质量控制

施工质量是影响沥青混合料老化的重要因素之一。为了减少施工对沥青混合料老化的影响，需要加强施工过程的质量控制。例如，严格控制混合料的生产温度和时间，避免过热或过久的存储；优化混合料的运输和铺筑工艺，减少温度降低和分离现象；加强混合料的碾压和养生，确保其均匀性和密实度。同时，还需要加强施工现场的环境管理，避免污染物对沥青混合料性能的影响。

3.改善路面排水条件

水是导致沥青混合料老化的重要因素之一。为了减少水对沥青混合料老化的影响，需要改善路面的排水条件。例如，优化路面横坡和纵坡设计，确保雨水能够快速排出路面；加强路面的日常养护，及时修补路面破损和裂缝，避免雨水渗入路面内部；在路面排水不良的区域设置排水设施，如边沟、盲沟等，引导雨水排出路面。通过改善路面排水条件，可以减少水对沥青混合料的侵蚀和破坏，延长其使用寿命。

4.加强预防性养护

预防性养护是延长沥青混合料使用寿命的重要措施之一。通过定期对路面进行预防性养护，可以减缓沥青混合料的老化速率，延长其使用寿命。常见的预防性养护措施包括表面处治、罩面、封层等。例如，通过定期对路面进行表面处治，可以修复路面的微小裂缝和破损，恢复其防水和抗滑性能；通过对路面进行罩面或封层，可以形成新的防护层，阻隔外界因素对沥青混合料的侵蚀和破坏。同时，还需要根据路面的实际状况，选择合适的预防性养护措施和时间，以达到最佳的养护效果。

5.开展再生利用

沥青混合料的再生利用是减少老化材料用量、节约资源的重要措施之一。通过对旧沥青混合料进行再生利用，可以减少新材料的使用量，降低工程成本。同时，再生利用还可以改善老化沥青混合料的性能，延长其使用寿命。常见的再生利用方法包括热再生、冷再生等。例如，通过热再生技术，可以在一定温度下将老化沥青混合料与新材料混合，恢复其性能；通过冷再生技术，可以在常温下将老化沥青混合料与新材料混合，简化施工工艺。在实际工程中，需要根据老化沥青混合料的性能和再生利用的要求，选择合适的再生利用方法和配合比，以达到最佳的再生利用效果。

总之，沥青混合料的老化是一个复杂的过程，受到多种因素的影响。为了延长沥青混合料的使用寿命，需要从材料、施工、养护等多个方面入手，采取相应的预防与控制措施。同时，还需要加强对沥青混合料老化机理的研究，开发新型抗老化材料和技术，不断提高沥青路面的耐久性和使用性能。只有通过多学科、多部门的协同努力，才能不断推动沥青路面技术的进步和发展，为人们提供更加安全、舒适、经济的出行环境。

第三节　再生沥青混合料的性能要求

随着道路建设规模的不断扩大，大量旧沥青路面亟须维修或翻新，传统的沥青路面铣刨料处置方法已经不能满足可持续发展的需求。利用热再生技术对沥青混合料回收料（RAP）进行再生利用，不仅可以减少废弃物的排放，节约新材料的使用，还可以降低道路维修成本，延长道路使用寿命。然而，再生沥青混合料的性能直接影响着路面的使用质量和寿命。为了确保再生沥青混合料的性能满足路面使用要求，需要对其性能进行科学评价和控制。本节将对再生沥青混合料的性能要求进行详细分析。

（一）再生沥青混合料的组成与分类

再生沥青混合料是指将 RAP 与新沥青、新集料、再生剂等按照一定比例混合，经过加热、搅拌等工艺制备而成的沥青混合料。其组成通常包括以下几个部分：

1.RAP：RAP 是再生沥青混合料的主要组成部分，其来源于旧沥青路面铣刨或开挖得到的材料。

2.新沥青：为了改善再生沥青混合料的性能，通常需要加入一定量的新沥青。新沥青的品质和用量直接影响着再生沥青混合料的性能。

3.新集料：为了调整再生沥青混合料的级配和改善其性能，通常需要加入一定量的新集料。新集料的种类、级配和品质对再生沥青混合料的性能有着重要影响。

4.再生剂：为了恢复旧沥青的性质，提高再生沥青混合料的工作性能，通常需要加入一定量的再生剂。再生剂的种类和用量对再生沥青混合料的性能有着重要影响。

根据 RAP 的用量和再生方式的不同，再生沥青混合料可以分为以下几类：

1.热再生沥青混合料：采用热再生工艺，在一定温度下将 RAP 与新材料混合，所得到的再生沥青混合料。热再生沥青混合料的 RAP 用量通常在 30%~50%。

2.温再生沥青混合料：采用温再生工艺，在相对较低的温度下将 RAP 与新材料混合，所得到的再生沥青混合料。温再生沥青混合料的 RAP 用量通常在 50%~70%。

3.冷再生沥青混合料：采用冷再生工艺，在常温下将 RAP 与新材料混合，所得到的再生沥青混合料。冷再生沥青混合料的 RAP 用量通常在 70%~100%。

不同类型的再生沥青混合料，其性能特点和适用范围也有所不同。在实际工程中，需要根据工程需求和材料条件，选择合适的再生方式和材料组成，以确保再生沥青混合料的性能满足使用要求。

（二）再生沥青混合料的路用性能要求

为了确保再生沥青混合料在路面中的使用性能，需要对其路用性能进行严格控制。再生沥青混合料的路用性能主要包括以下几个方面：

1.高温稳定性

高温稳定性是评价再生沥青混合料抵抗永久变形能力的重要指标。在高温条件下，再生沥青混合料容易发生车辙、拥包等永久变形，影响路面的使用质量和寿命。为了确保再生沥青混合料具有良好的高温稳定性，需要控制其马歇尔稳定度、动态稳定度等指标。

根据《公路沥青路面再生设计规范》（JTG F41—2008），再生沥青混合料的马歇尔稳定度应满足表 2-4 的要求。

表 2-4　再生沥青混合料马歇尔稳定度要求

公路等级	最小马歇尔稳定性/kN
高速公路、一级公路	8.0
二级公路	7.0
三、四级公路	6.0

此外，再生沥青混合料的动态稳定度也应满足相应的要求。根据《公路沥青路面再生设计规范》（JTG F41—2008），再生沥青混合料的动态稳定度应不小于 800 次/毫米。

2.低温抗裂性

低温抗裂性是评价再生沥青混合料抵抗温度裂缝能力的重要指标。在低温条件下，再生沥青混合料容易发生温度裂缝，影响路面的使用质量和寿命。为了确保再生沥青混合料具有良好的低温抗裂性，需要控制其低温断裂韧性、冻融劈裂强度等指标。

根据《公路沥青路面再生设计规范》（JTG F41—2008），再生沥青混合料的低温断裂韧性应满足表 2-5 的要求。

表 2-5　再生沥青混合料低温断裂韧性要求

公路等级	最小低温断裂韧性/$MPa\cdot m^{\frac{1}{2}}$
高速公路、一级公路	3.0
二级公路	2.5
三、四级公路	2.0

此外，再生沥青混合料的冻融劈裂强度也应满足相应的要求。根据《公路沥青路面再生设计规范》（JTG F41—2008），再生沥青混合料的冻融劈裂强度应不小于 80%。

3.水稳定性

水稳定性是评价再生沥青混合料抵抗水损害能力的重要指标。在水的作用下，再生沥青混合料容易发生剥落、脱空等水损害，影响路面的使用质量和寿命。为了确保再生沥青混合料具有良好的水稳定性，需要控制其残留稳定度、冻融劈裂强度比等指标。

根据《公路沥青路面再生设计规范》（JTG F41—2008），再生沥青混合料的残留稳定度应满足表 2-6 的要求。

表 2-6　再生沥青混合料残留稳定度要求

公路等级	最小残留稳定度/%
高速公路、一级公路	85
二级公路	80
三、四级公路	75

此外，再生沥青混合料的冻融劈裂强度比也应满足相应的要求。根据《公路沥青路面再生设计规范》（JTG F41—2008），再生沥青混合料的冻融劈裂强度比应不小于 75%。

4.疲劳耐久性

疲劳耐久性是评价再生沥青混合料抵抗疲劳破坏能力的重要指标。在车辆荷载的反复作用下，再生沥青混合料容易发生疲劳破坏，影响路面的使用质量和寿命。为了确保再生沥青混合料具有良好的疲劳耐久性，需要控制其四点弯曲疲劳寿命等指标。

根据《公路沥青路面再生设计规范》（JTG F41—2008），再生沥青混合料的四点弯曲疲劳寿命应满足表 2-7 的要求。

表 2-7　再生沥青混合料四点弯曲疲劳寿命要求

公路等级	最小四点弯曲疲劳寿命/次
高速公路、一级公路	100 000
二级公路	80 000
三、四级公路	60 000

除了上述路用性能指标外，再生沥青混合料还应满足渗水系数、弯沉值等其他性能指标的要求。在实际工程中，需要根据工程需求和材料条件，合理选择和控制再生沥青混合料的各项性能指标，以确保其满足路面的使用要求。

（三）再生沥青混合料的基本性能要求

除了路用性能外，再生沥青混合料还应满足一定的基本性能要求，以确保其在生产、运输、摊铺等过程中的工作性能。再生沥青混合料的基本性能主要包括以下几个方面：

1.级配

级配是影响再生沥青混合料性能的重要因素之一。合理的级配可以提高再生沥青混合料的密实度、强度和耐久性，改善其工作性能。根据《公路沥青路面再生设计规范》（JTG F41—2008），再生沥青混合料的级配应满足表 2-8 的要求。

表 2-8　再生沥青混合料级配要求

筛孔尺寸/mm	通过率/%
26.5	100
19.0	90~100
9.5	68~85
4.8	48~68
2.4	28~50
1.2	20~38
0.6	15~28
0.3	10~20
0.2	8~15
0.1	4~8

在实际工程中，需要根据原材料的级配情况，通过调整新集料的用量和级配，使再生沥青混合料的综合级配满足要求。

2.沥青用量

沥青用量是影响再生沥青混合料性能的另一个重要因素。沥青用量过低，会降低再生沥青混合料的黏结性和耐久性；沥青用量过高，会降低再生沥青混合料的稳定性和抗变形能力。根据《公路沥青路面再生设计规范》（JTG F41—2008），再生沥青混合料的最佳沥青用量应根据马歇尔试验确定，并应满足表 2-9 的要求。

表 2-9　再生沥青混合料沥青用量要求

再生沥青混合料类型	最佳沥青用量/%
热再生沥青混合料	4.0~5.5
温再生沥青混合料	3.5~5.0
冷再生沥青混合料	3.0~4.5

在确定再生沥青混合料的最佳沥青用量时，需要综合考虑 RAP 的沥青含量、新沥青的品质等因素，通过试验优化确定。

3.温度

温度是影响再生沥青混合料工作性能的重要因素之一。在生产、运输、摊铺等过程中，需要控制再生沥青混合料的温度，以确保其具有良好的工作性能。根据《公路沥青路面再生设计规范》（JTG F41—2008），热再生沥青混合料的生产温度应控制在 140~160 ℃，运输和摊铺温度应不低于 130 ℃；温再生沥青混合料的生产温度应控制在 120~140 ℃，运输和摊铺温度应不低于 110 ℃；冷再生沥青混合料的生产温度应控制在 20~60 ℃。

在实际工程中，需要根据环境温度、运输距离等因素，合理控制再生沥青混合料的温度，确保其满足施工要求。

4.含水率

含水率是影响再生沥青混合料性能的另一个重要因素。RAP 中的含水率过高，会影响再生沥青混合料的黏结性和耐久性；含水率过低，会影响再生沥青混合料的工作性能。根据《公路沥青路面再生设计规范》（JTG F41—2008），RAP 的含水率应控制在 5%以内。

在实际工程中，需要对 RAP 进行预处理，如堆放晾晒、烘干等，以降低其含水率。同时，在生产再生沥青混合料时，也需要控制新集料的含水率，确保再生沥青混合料的整体含水率满足要求。

除了上述基本性能要求外，再生沥青混合料还应满足容重、空隙率等其他性能指标的要求。在实际工程中，需要根据工程需求和材料条件，合理选择和控制再生沥青混合料的各项基本性能指标，以确保其满足生产和施工的要求。

（四）再生沥青混合料性能的影响因素

再生沥青混合料的性能受到多种因素的影响，主要包括以下几个方面：

1.RAP 来源和性质

RAP 中旧沥青和集料的性质是影响再生沥青混合料性能的重要因素之一。不同来源的 RAP，其旧沥青的针入度、软化点等性质指标以及集料的级配、强度、洁净度等特性都有所差异，这些差异会导致再生沥青混合料的性能也有所不同。因此,在制备再生沥青混合料时,需要对 RAP 进行质量控制,选用性质稳定、来源可靠的 RAP 材料。

2.新材料品质

新沥青、新集料是改善再生沥青混合料性能的重要材料，其品质直接影响再生沥青混合料的路用性能和耐久性。新沥青的针入度、软化点等指标会影响再生沥青混合料的高温稳定性、低温抗裂性等性能；新集料的级配、强度、洁净度等指标会影响再生沥青混合料的力学性能和水稳定性。因此，在制备再生沥青混合料时，需要严格控制新材料的品质，选用高品质的新沥青和新集料。

3.配合比设计

配合比设计是制备再生沥青混合料的关键环节，直接影响再生沥青混合料的性能。配合比设计包括确定 RAP 用量、新沥青用量、新集料用量和级配等，需要综合考虑再生沥青混合料的路用性能要求、材料条件等因素。合理的配合比设计可以平衡再生沥青混合料的各项性能，提高其路用性能和耐久性。因此，在制备再生沥青混合料时，需要进行科学的配合比设计，优化再生沥青混合料的组成和性能。

4.生产工艺

生产工艺是影响再生沥青混合料性能的另一个重要因素。不同的生产工艺，如热再生、温再生、冷再生等，对再生沥青混合料的性能有不同的影响。热再生工艺可以有效活化 RAP

中的旧沥青，提高再生沥青混合料的高温稳定性和疲劳耐久性；温再生工艺可以降低生产温度，减少能耗和碳排放；冷再生工艺可以在常温下生产，简化生产工艺，但再生沥青混合料的早期强度较低。因此，在制备再生沥青混合料时，需要根据工程需求和材料条件，选择合适的生产工艺，优化再生沥青混合料的性能。

5.外界环境

外界环境条件，如温度、湿度、载荷等，也会影响再生沥青混合料的性能。高温环境下，再生沥青混合料的高温稳定性和抗车辙性能会下降；低温环境下，再生沥青混合料的低温抗裂性能会下降；湿度过高时，再生沥青混合料的水稳定性会下降；重载荷作用下，再生沥青混合料的疲劳耐久性会下降。因此，在设计和应用再生沥青混合料时，需要考虑工程所在地的环境条件，选择适宜的再生沥青混合料类型和配合比，提高其适应性和耐久性。

综上所述，再生沥青混合料的性能受到多种因素的影响，包括 RAP 来源和性质、新材料品质、配合比设计、生产工艺和外界环境等。为了确保再生沥青混合料的性能满足路面使用要求，需要在材料选择、配合比设计、生产工艺等方面进行科学控制和优化，提高再生沥青混合料的路用性能和耐久性。同时，还需要加强再生沥青混合料性能的检测和评价，建立完善的质量控制体系，为再生沥青混合料的推广应用提供技术支撑。只有不断提高再生沥青混合料的性能和质量，才能促进公路工程的可持续发展，实现经济、社会和环境效益的统一。

第三章　沥青混合料现场热再生技术

第一节　现场热再生技术原理

沥青混合料现场热再生技术是一种将再生沥青混合料就地加热、翻松、再生利用的新型道路养护技术。与传统的铣刨重铺工艺相比，现场热再生技术具有材料再利用率高、施工速度快、能耗低、环保高效等优点，已成为沥青路面养护的重要发展方向。本节将重点介绍现场热再生技术的基本原理、工艺流程和关键技术要点。

（一）现场热再生技术的基本原理

沥青混合料现场热再生技术的基本原理是通过加热装置将再生沥青混合料加热到一定温度，使其中的沥青软化或熔化，同时将旧路面材料翻松成散体状；然后根据旧路面材料的性质和再生配合比要求，加入适量的新集料、新沥青、再生剂等材料，经过拌和、摊铺、碾压，最终形成符合路用性能要求的再生沥青混合料路面。

现场热再生技术的核心是再生沥青混合料的加热和翻松过程。通过加热使再生沥青混合料中的沥青软化或熔化，改善其黏结性能，同时降低材料的黏度，提高其可再生利用性。通过翻松使再生沥青混合料松散破碎，增大其比表面积，有利于新旧材料的均匀混合和二次利用。加热温度和翻松深度是影响现场热再生质量的关键参数，需要根据旧路面材料的性质、厚度以及再生配合比要求等因素综合确定。

在现场热再生过程中，再生沥青混合料经过加热和翻松后，其粒径、级配、含碳量、黏结性等指标会发生一定程度的改变，这就需要通过掺加适量的新材料来调整再生沥青混合料的组成和性能。新集料可以优化再生沥青混合料的集料结构和矿料级配，改善其高温稳定性、抗车辙性能等；新沥青可以补充再生沥青混合料中沥青的老化损失，提高混合料的低温抗裂性、水稳定性等；再生剂可以活化老化沥青，恢复其黏结性能，改善再生沥青混合料的工作性能。新材料的种类和掺量需要通过室内配合比设计和试验验证来优化确定。

再生沥青混合料的拌和质量也是影响现场热再生效果的重要因素。由于再生沥青混合料中同时含有旧材料和新材料，其均匀性和一致性相对较差，这就需要采用专用的再生设备和工艺来提高拌和质量。目前常用的再生设备包括自行式热再生设备、静态窑热再生设备等，其拌和方式主要有单桨叶强制式、双桨叶强制式、自落式等。通过合理选择再生设备和优化拌和工艺参数，如拌和时间、拌和温度、搅拌转速等，可以显著改善再生沥青混合料的均匀性和一致性。

再生沥青混合料的摊铺碾压质量控制与普通沥青混合料相比也有其特殊性。一方面，由于再生沥青混合料的温度相对较低，其黏度较大，易出现粗细料偏析、温度离析等问题，因此需要采取摊铺温度控制、摊铺速度控制等措施来确保摊铺质量；另一方面，由于再生沥青混合料含有一定比例的老化沥青，其初始强度和稳定性相对较低，因此需要采取碾压温度控制、碾压遍数控制等措施来确保碾压密实度。同时，再生沥青混合料摊铺碾压过程中还应注意与下承层的黏结和接缝处理，以保证路面的整体性和耐久性。

（二）现场热再生技术的工艺流程

沥青混合料现场热再生技术的工艺流程通常包括以下几个主要环节：

1.施工准备

施工准备主要包括现场踏勘、旧路面预处理、原材料准备、设备检修等。现场踏勘主要是了解旧路面的损坏状况、结构厚度、材料类型等，为再生方案制定提供依据；旧路面预处理主要是对旧路面进行清扫、铣刨、填平等，为后续再生作业创造条件；原材料准备主要是对新集料、新沥青、再生剂等材料进行采购、运输、堆放等，保证材料质量满足再生要求；设备检修主要是对再生设备进行安装、调试、标定等，确保设备性能满足施工需求。

2.旧路面加热与铣刨

旧路面加热与铣刨是现场热再生的关键工序，直接影响再生沥青混合料的质量和路面的使用性能。加热装置通常采用红外线加热器或燃气加热器，通过辐射或对流方式将热量传递给旧路面，使其温度达到规定范围。加热温度一般控制在 120~160 ℃，加热时间一般为 5~10 min，具体数值需要根据旧路面材料特性、环境温度等因素确定。

加热完成后，采用铣刨装置对旧路面进行翻松破碎。铣刨装置通常包括铣刨辊、输送带、集料仓等部件，通过铣刨辊高速旋转将加热软化的旧路面材料铣下，再由输送带输送至集料仓中暂存。铣刨深度一般为 2~5 cm，具体数值需要根据旧路面材料厚度、再生配合比等因素确定。为了保证铣刨质量，铣刨辊的型号、排布、间距等参数需要经过设计优化，铣刨速度也需要严格控制。

3.再生料的计量与拌和

再生料的计量与拌和是保证再生沥青混合料性能的关键环节。计量系统通常包括集料计量器、沥青计量器、再生剂计量器等，分别对新集料、新沥青、再生剂等材料进行称重计量，然后按照设计配合比投入拌和机中。拌和机通常采用双轴强制式搅拌，通过转动的搅拌叶片将各组分材料充分混合均匀，并使其温度场、组分分布趋于一致。

再生料的拌和时间一般为 30~60 s，拌和温度一般控制在 130~160 ℃，具体数值需要根据再生配合比、材料特性、环境温度等因素确定。为了提高拌和质量，拌和机的型号、功率、转速等参数需要经过设计优化，拌和叶片的形状、角度、间隙等也需要合理设计。同时，还需要对拌和过程进行实时监控，如温度监测、称重监测等，确保再生料的均匀性和一致性。

4.再生沥青混合料的摊铺与碾压

再生沥青混合料拌和完成后，需要采用专用摊铺机进行摊铺施工。摊铺机通常包括料斗、输送带、分料器、熨平板等部件，通过这些部件的协同工作将再生沥青混合料均匀摊铺在路面上，并使其表面平整、厚度均匀。为了保证摊铺质量，摊铺机的型号、宽度、高度等参数需要根据施工要求合理选择，摊铺速度、温度也需要严格控制。

摊铺完成后，需要采用压路机对再生沥青混合料进行碾压密实。碾压机通常包括钢轮压路机和胶轮压路机，分别用于初压和复压。为了保证碾压质量，压路机的型号、质量、振频等参数需要根据施工要求合理选择，碾压遍数、速度、温度也需要严格控制。碾压过程中还应注意轮迹重叠、接缝处理等细节，确保再生路面的平整度和密实度满足要求。

5.再生路面的质量检测与验收

再生路面施工完成后，需要对其进行系统的质量检测与验收，主要包括路面厚度、平整度、抗滑性能、路用性能等指标的测试与评价。路面厚度可采用钻芯法或雷达法测量，评价其是否满足设计要求；路面平整度可采用连续式平整度仪测量，评价其行车舒适性；路面抗滑性能可采用构造深度法或摆式仪法测量，评价其行车安全性；路面路用性能可采用车辙试验、弯沉试验等方法测试，评价其高温稳定性、疲劳耐久性等。

质量检测结果应符合现行规范和设计文件的要求，对不合格的路面应及时进行处理或返工。验收合格后，再生路面方可交付使用，并应建立完善的养护管理制度，定期进行日常养护和预防性养护，确保再生路面的耐久性和使用性能。

（三）现场热再生技术的关键技术要点

沥青混合料现场热再生技术涉及材料、设备、工艺等多方面内容，其中有几个关键技术要点需要重点掌握：

1.旧路面材料的再生利用率

旧路面材料的再生利用率是评价现场热再生技术的重要指标之一。再生利用率越高，表明新材料的用量越少，资源消耗越小，经济效益越好。但再生利用率过高也可能影响再生沥青混合料的路用性能，因此需要在两者之间寻求平衡。

影响再生利用率的因素主要有旧路面材料的性质、再生配合比设计、再生工艺参数等。一般来说，旧路面材料的老化程度越轻，集料级配越好，再生利用率就越高；再生配合比中旧料比例越高，新料比例越低，再生利用率就越高；再生温度越高，再生时间越长，再生利用率也越高。但过高的再生利用率可能导致混合料级配不连续、油石比失调、路用性能下降等问题，因此需要通过室内试验和工程实践来优化再生利用率的控制范围。

2.再生料的温度与黏度控制

再生料的温度与黏度是影响现场热再生质量的关键因素。温度过低会导致旧沥青不能充分软化，新旧材料不能有效拌和，从而影响再生沥青混合料的均匀性和一致性；温度过高则会导致旧沥青老化加剧，新沥青挥发损失，从而影响再生沥青混合料的路用性能。黏度是温度的函数，温度越高，材料黏度越低，反之亦然。因此，需要根据材料特性和环境条件，优化温度-黏度的控制范围和控制方法。

一般来说，再生料的温度应控制在 130~160 ℃，黏度应控制在 0.5~2 Pa·s。为了实现温度与黏度的有效控制，一方面需要合理设计再生加热装置的加热功率、加热时间、加热温度等参数；另一方面需要优化再生工艺的搅拌时间、搅拌温度、运输时间等参数，尽量缩短材料的冷却时间，减少温度与黏度的损失。同时，还需要采用专用的温度传感器和黏度测试仪，对再生料的温度与黏度进行实时监测，及时调整控制参数，确保再生料的质量稳定。

3.新旧材料的界面结合与黏附性能

新旧材料的界面结合与黏附性能是影响现场热再生路面耐久性的关键因素。如果新旧材料界面结合不紧密，容易出现层间失黏、剥落等病害；如果新旧材料黏附性能不佳，容易出现沥青老化、集料剥落等问题，最终导致路面早期损坏。因此，需要采取有效措施来改善新旧材料的界面结合与黏附性能。

一般来说，可以从以下几个方面来改善新旧材料的界面结合与黏附性能：一是优化新旧材料的配合比，提高新料中的细集料和矿粉含量，增大新旧材料的接触面积；二是改善新旧材料的温度与黏度状态，提高新旧材料的相容性和均匀性；三是合理选择新沥青和再生剂的品种，提高新旧沥青的相溶性和黏附性；四是科学设计再生工艺参数，如提高再生温度、延长拌和时间等，促进新旧材料的界面扩散与渗透。此外，还可以在新旧材料界面添加高聚物改性剂、纳米材料等，起到“桥梁”作用，提高新旧材料的黏附强度。

4.再生路面的养护与管理策略

再生路面的养护与管理是现场热再生技术应用的延伸和保障。与普通新建路面相比，再生路面在使用初期可能存在强度发展较慢、稳定性较差等问题，因此需要制定科学的养护与管理策略，延长再生路面的使用寿命。

再生路面的养护与管理策略应包括日常养护、预防性养护、病害处治等内容。日常养护主要包括路面清扫、污垢清洗、裂缝填封等，目的是消除路面表面的散落物和污染物，防止其进一步侵蚀路面。预防性养护主要包括表面处治、封层罩面、稀浆封层等，目的是在路面病害发展初期及时进行干预，延缓病害进程。病害处治主要包括坑槽修补、贴缝带封缝、热再生修复等，目的是对已发展到一定程度的路面病害进行修复，恢复路面的整体性和行车条件。

值得注意的是，再生路面的养护与管理策略应与再生工程的设计年限、交通状况、气候条件等因素相匹配。对于重交通或极端气候条件下的再生路面，应适当缩短养护周期，加大养护力度；对于轻交通或良好气候条件下的再生路面，则可适当延长养护周期，减少养护次数。同时，还应加强再生路面的检测与评价工作，通过定期检测路面的各项性能指标，科学评价路面的健康状态，指导养护与管理决策，最大限度地发挥现场热再生技术的经济效益、环保效益和社会效益。

综上所述，沥青混合料现场热再生技术是一项集材料、设备、工艺等多学科知识于一体的综合性技术，涉及旧路面材料的再生利用、再生材料的温度与黏度控制、新旧材料的界面结合与黏附性能改善、再生路面的养护与管理策略优化等诸多关键技术要点。这些关键技术要点相互关联、相互制约，需要在系统优化的基础上协同推进，才能真正发挥现场热再生技术的再生效率高、施工速度快、能耗成本低、环保效益好等综合优势，实现旧路面材料的高质量循环利用和道路养护的减量化、再利用、资源化目标。未来，现场热再生技术还需要在基础理论、关键装备、配套工艺等方面加大研发力度，不断提高再生沥青混合料的路用性能、耐久性和可靠性，为道路养护事业的绿色发展、可持续发展作出更大贡献。

第二节　现场热再生设备与技术流程

沥青混合料现场热再生技术是一项涉及材料、设备、工艺等多方面内容的综合性技术。其中，现场热再生设备是实现再生沥青混合料加热、铣刨、再生的关键装备，而现场热再生技术流程则是保证再生沥青混合料性能和路面质量的关键环节。本节将重点介绍现场热再生设备的组成与特点、现场热再生技术流程的步骤与要点，以期为现场热再生技术的应用提供设备选型和工艺优化方面的参考。

（一）现场热再生设备的组成与特点

沥青混合料现场热再生设备通常由加热系统、铣刨系统、再生料输送系统、再生料计量系统、再生料搅拌系统、再生料摊铺系统、动力系统和控制系统等几大部分组成。这些系统相互配合，共同完成旧路面材料的加热、铣刨、再生、摊铺等工序。下面对各系统的组成与特点进行详细介绍。

1.加热系统

加热系统是现场热再生设备的核心部件之一，其作用是将旧路面材料加热到可塑化状态，为后续铣刨、再生创造条件。加热系统通常由燃烧器、热风炉、热风管等组成，采用燃油或燃气作为热源。

燃烧器是加热系统的热源，其类型主要有压力雾化式、高压气泵式、旋流雾化式等。燃烧器的设计需要考虑燃料类型、燃烧效率、排放标准等因素，应选择高效、清洁、节能的燃烧器型式。热风炉是将燃烧器产生的热量转换为热风的装置，其结构形式主要有套筒式、翅片管式等。热风炉的设计需要考虑换热效率、热损失、结构强度等因素，应选择传热系数高、热损失小、机械性能好的热风炉型式。热风管是将热风均匀送至路面的管道，其材质主要有不锈钢、耐热合金等。热风管的设计需要考虑输热效率、绝热性能、连接方式等因素，应选择导热系数低、绝热性能好、连接可靠的热风管材质和结构。

加热系统的设计需要满足以下几点要求：一是加热温度可控，能根据旧路面材料的特性、环境温度等因素，精确调节加热温度，使其达到最佳再生温度范围；二是加热均匀性好，能在路面横向和纵向实现均匀加热，避免出现过烧或欠烧等加热缺陷；三是加热效率高，能在较短时间内完成路面加热，提高施工速度和效率；四是热损失小，应采取隔热、保温等措施，最大限度地减少加热过程中的热量损失；五是安全环保，应配备必要的安全防护装置和尾气处理装置，确保操作人员的安全和环境的友好。

2.铣刨系统

铣刨系统是现场热再生设备的另一核心部件，其作用是将加热软化后的旧路面材料铣刨下来，并破碎成一定粒径的再生料。铣刨系统通常由铣刨辊、刀库、输送带等组成，可实现不同深度、不同宽度的铣刨作业。

铣刨辊是铣刨系统的关键部件，其结构形式主要有单轴式、双轴式等。铣刨辊上安装有若干铣刨刀具，通过铣刨辊的高速旋转实现对旧路面的铣削和破碎。铣刨辊的设计需要考虑铣刨深度、铣刨效率、使用寿命等因素，应选择直径大、刚度高、耐磨性好的铣刨辊。铣刨刀库是安装铣刨刀具的支承体，其结构形式主要有一体式、分体式等。铣刨刀库的设计需要考虑刀具布置、更换便捷性等因素，应选择刀距小、刀位准确、更换方便的铣刨刀库。输送带是将铣刨下来的再生料输送至再生料仓的装置，其结构形式主要有板链式、埋刮板式等。输送带的设计需要考虑输送能力、输送速度、清理方便性等因素，应选择输送效率高、结构紧凑、易于维护的输送带。

铣刨系统的设计需要满足以下几点要求：一是铣刨深度可调，应能根据旧路面材料的厚度、再生配合比等因素，灵活调节铣刨深度，控制再生料的级配和质量；二是铣刨精度高，能精确控制铣刨深度和铣刨宽度，确保铣刨面的平整度和均匀性；三是铣刨效率高，能在较短时间内完成路面铣刨，与加热系统相匹配，提高施工速度和效率；四是铣刨料粒型好，能将旧路面材料破碎成细小均匀的颗粒，利于后续再生料的拌和与均化；五是耐久性好，铣刨刀具应具有较高的硬度和韧性，能够适应不同路面条件的铣刨作业，延长使用寿命。

3.再生料输送系统

再生料输送系统是连接铣刨系统与再生料搅拌系统的纽带，其作用是将铣刨下来的再生料输送至再生料仓，并进行计量称重。再生料输送系统通常由提升机、筛分器、计量秤等组成，可实现再生料的提升、筛分、计量等功能。

提升机是将再生料从铣刨系统输送至再生料仓的装置，其结构形式主要有斗式提升机、胶带式提升机等。提升机的设计需要考虑输送能力、输送高度、动力功率等因素，应选择结构简单、运行平稳、维护方便的提升机。筛分器是将再生料进行分级筛选的装置，其结构形式主要有滚筒筛、振动筛等。筛分器的设计需要考虑筛分效率、筛分精度、噪声控制等因素，应选择分级准确、筛下物少、噪声小的筛分器。计量秤是对再生料进行称重计量的装置，其结构形式主要有电子秤、机械秤等。计量秤的设计需要考虑称重精度、量程范围、数据传输等因素，应选择精度等级高、显示直观、接口标准的计量秤。

再生料输送系统的设计需要满足以下几点要求：一是输送能力足，应能满足现场热再生施工的连续料流需求，避免出现再生料供应不足或堆积的情况；二是筛分质量好，应能有效去除再生料中的超粒径颗粒和杂质，控制再生料的最大粒径和细料含量；三是计量精确可靠，应能准确称量再生料的质量，为配合比设计提供可靠的数据支撑；四是衔接紧凑灵活，应能与铣刨系统和搅拌系统实现无缝对接，满足多工况作业要求；五是检修维护方便，应具有合理的检修通道和吊装空间，便于设备的日常维护和故障排除。

4.再生料计量系统

再生料计量系统是对新旧材料进行定量配比的关键部件，其作用是按照配合比设计要求，准确计量新集料、新沥青、再生剂等各组分材料的用量。再生料计量系统通常由集料计量器、沥青计量器、再生剂计量器等组成，可实现多组分材料的独立计量和同步投料。

集料计量器是对新集料进行称重计量的装置，其结构形式主要有累加式计量器、损耗式计量器等。集料计量器的设计需要考虑计量精度、量程范围、流量控制等因素，应选择精度等级高、调节方便、防堵塞能力强的计量器。沥青计量器是对新沥青进行温度调节和计量的装置，其结构形式主要有质量流量计、体积流量计等。沥青计量器的设计需要考虑温度控制、计量精度、清洗方便等因素，应选择恒温性能好、计量准确、不易结焦的计量器。再生剂计量器是对再生剂进行定量添加的装置，其结构形式主要有柱塞泵、齿轮泵等。再生剂计量器的设计需要考虑流量调节、计量均匀、防腐蚀等因素，应选择流量范围宽、脉动小、耐腐蚀性好的计量器。

再生料计量系统的设计需要满足以下几点要求：一是计量精度高，应能满足配合比设计对各组分材料用量的精度要求，控制再生沥青混合料的质量稳定性；二是响应速度快，应能根据生产需求实现快速切换和比例调节，提高再生沥青混合料的生产效率；三是自动化程度高，应配备自动配料控制系统和数据采集系统，实现配料过程的实时监控和优化；四是防尘防泄漏性能好，应采取密闭输送、局部抽风等措施，减少粉尘外逸和材料泄漏；五是清洗维护方便，应合理布置管路阀门和清洗接口，便于系统的清洁和保养。

5.再生料搅拌系统

再生料搅拌系统是生产再生沥青混合料的核心部件，其作用是将新旧材料按照一定比例充分混合均匀，并将混合料加热到摊铺所需温度。再生料搅拌系统通常由搅拌筒、搅拌叶片、加热器等组成，可实现再生料的干混、湿混、加热等工序。

搅拌筒是盛装和搅拌再生料的容器，其结构形式主要有单筒式、双筒式等。搅拌筒的设计需要考虑搅拌效率、混合均匀度、热量损失等因素，应选择容积大、传热系数低、绝热性能好的搅拌筒。搅拌叶片是安装在搅拌筒内的搅拌装置，其结构形式主要有螺旋式、桨叶式等。搅拌叶片的设计需要考虑搅拌强度、耐磨损性、更换便捷性等因素，应选择搅拌效果好、使用寿命长、维护方便的搅拌叶片。加热器是对再生料进行间接加热的装置，其结构形式主要有导热油炉、电加热器等。加热器的设计需要考虑加热效率、温度均匀性、能耗水平等因素，应选择传热系数高、温度场均匀、能效等级高的加热器。

再生料搅拌系统的设计需要满足以下几点要求：一是生产能力大，能满足大规模现场热再生施工的产能需求，与铣刨系统和摊铺系统相匹配；二是混合均匀性好，能通过合理的料流组织和搅拌参数设计，确保新旧材料混合均匀，避免离析和结团现象；三是温度控制精准，应能根据摊铺温度要求，精确控制再生料的出料温度，确保混合料摊铺质量；四是衔接紧凑灵活，能与再生料输送系统、添加剂系统和摊铺系统实现无缝对接，满足连续生产要求；五是防尘防漏措施完善，采取封闭输送、负压除尘等措施，减少废气排放和热量流失。

6.再生料摊铺系统

再生料摊铺系统是将再生沥青混合料摊铺成型的关键部件，其作用是将生产完成的再生沥青混合料均匀摊铺在铣刨路面上，并进行初步碾压和找平。再生料摊铺系统通常由摊铺器、初压器、平整板等组成，可实现不同厚度、不同宽度的摊铺作业。

摊铺器是将再生沥青混合料均匀摊铺在路面上的装置，其结构形式主要有履带式、轮胎式等。摊铺器的设计需要考虑摊铺宽度、摊铺厚度、行驶速度等因素，应选择作业尺寸大、速度无级可调、操作灵活的摊铺器型式。初压器是对摊铺混合料进行初步压实的装置，其结构形式主要有振动压路机、轮胎压路机等。初压器的设计需要考虑压实效果、工作效率、转弯半径等因素，应选择压实度高、作业速度快、机动性好的压路机型式。平整板是对摊铺层表面进行找平整形的装置，其结构形式主要有液压伸缩式、电加热式等。平整板的设计需要考虑找平精度、加热温度、伸缩行程等因素，应选择平整度高、温度可控、调节范围大的平整板型式。

再生料摊铺系统的设计需要满足以下几点要求：一是摊铺精度高，能通过自动找平系统和高精度传感器，控制摊铺层的厚度和平整度，满足路面要求；二是摊铺宽度大，能通过伸缩式摊铺板和多级料斗，适应不同路面宽度的摊铺作业，提高摊铺效率；三是初压质量好，能通过合理的碾压参数设计和轮胎花纹设计，确保初压密实度和表面质量；四是与搅拌系统匹配，能与再生料搅拌系统实现产能同步和温度衔接，避免冷料堆积或混合料温降；五是操作维护便捷，应配备液压控制系统和集中润滑系统，简化操作程序和保养要求。

7.动力系统

动力系统是为现场热再生设备提供动力和能量保障的关键部件，其作用是为各工艺系统和辅助系统提供电能、热能、动力等。动力系统通常由柴油发动机、发电机、液压泵站等组成，可实现设备的自走行驶和自主作业。

柴油发动机是现场热再生设备的主要动力源，其选型需要考虑功率输出、燃油经济性、排放水平等因素，应选择功率储备大、油耗低、排放达标的发动机型号。发电机是将柴油发动机的机械能转换为电能的装置，其选型需要考虑功率等级、电压等级、过载能力等因素，应选择容量充足、波形稳定、调压范围宽的发电机型号。液压泵站是为铣刨辊、提升机、摊铺板等执行部件提供液压动力的装置，其选型需要考虑流量压力、响应速度、能效水平等因素，应选择功率密度大、控制精度高、节能效果好的液压泵站型号。

动力系统的设计需要满足以下几点要求：一是功率冗余度高，应能满足各工艺系统和辅助系统在满负荷工况下的用电用油需求，预留一定的设计裕度；二是传动效率高，应采用变频调速、无级变速等先进传动技术，减少动力传递过程中的功率损耗；三是负荷适应性强，应能适应现场热再生工艺过程中负荷的动态波动，保障设备运行的安全性和可靠性；四是自动化水平高，应配备功率管理系统和故障诊断系统，实现设备运行状态的实时监测和故障预警；五是油耗水平低，应采用高压共轨、废热回收等节能技术，提高燃油利用效率，降低设备使用成本。

8.控制系统

控制系统是现场热再生设备的“大脑”和“神经中枢”，其作用是根据工艺需求和施工条件，对设备的各项功能和参数进行调节控制，实现再生工艺过程的自动化和智能化。控制系统通常由中央控制器、可编程逻辑控制器（PLC）、人机界面（HMI）、传感器等组成，可实现设备的集中控制和远程监控。

中央控制器是现场热再生设备控制系统的核心部件，其作用是接收和处理各传感器的反馈信号，并根据控制策略和算法，生成各执行部件的控制指令。中央控制器的选型需要考虑运算速度、存储容量、通信接口等因素，应选择处理能力强、扩展性好、兼容性高的工控机或嵌入式控制器。PLC 是对各执行部件进行逻辑控制和顺序控制的装置，其作用是根据中央控制器的指令，控制各电磁阀、接触器、变频器等现场设备的通断和调速。PLC 的选型需要考虑控制点数、通信协议、编程语言等因素，应选择性能可靠、组态方便、支持标准协议的 PLC 产品。HMI 是设备操作员与控制系统进行人机交互的界面，其作用是显示设备的运行状态和参数，并接受操作员的控制指令和设定值。HMI 的选型需要考虑屏幕尺寸、分辨率、触摸方式等因素，应选择界面友好、操作简单、防尘防水的 HMI 产品。

控制系统的设计需要满足以下几点要求：一是全面感知能力强，应配备温度、压力、流量、位移、转速等各种类型的传感器，实现对设备和工艺的全面感知和信息采集；二是控制精度高，应采用比例积分微分控制（PID）控制、模糊控制、Smith 预估等先进控制算法，提高控制系统的动态响应性能和稳态控制精度；三是人机交互便捷，应提供图形化的操作界面和触摸屏设计，简化操作员的工作流程，降低操作失误率；四是数据处理能力强，应具备大容量数据存储和高速数据处理能力，支持生产数据的实时采集、趋势分析和统计报表功能；五是系统架构合理，应采用开放式体系架构和模块化设计理念，便于控制系统的二次开发和功能扩展，提高系统的适应性和灵活性。

现场热再生设备是实现再生沥青混合料再生利用的关键装备，其技术水平和质量性能直接影响再生路面的使用寿命和养护成本。为了提高现场热再生设备的可靠性、经济性和环保性，必须加强对其核心部件和关键系统的优化设计和集成创新。本节对现场热再生设备的加热系统、铣刨系统、再生料输送系统、再生料计量系统、再生料搅拌系统、再生料摊铺系统、动力系统、控制系统等进行了详细分析，总结了各系统设计需要考虑的影响因素和满足的技术要求，可为现场热再生设备的研发设计提供参考。未来，随着信息技术、自动化技术、新材料技术等在筑养路机械领域的深度应用，现场热再生设备必将向大型化、智能化、集成化、节能化的方向发展，促进道路材料循环利用水平的新跨越。

（二）现场热再生技术的工艺流程

沥青路面现场热再生技术采用加热+铣刨+再生的工艺路线，通过专用设备将旧路面材料进行原位再生和二次利用，可最大限度地节约材料消耗、降低能源成本、减少环境污染，实现旧路面材料的循环利用和绿色养护。但由于其涉及材料、温度、设备等多因素耦合作用，再生工艺流程较为复杂，任一环节控制不当都可能影响再生沥青混合料的性能和路用效果。因此，必须对现场热再生的各工序环节进行系统梳理和优化，明确其技术要点和质量控制重点。以下对现场热再生技术的工艺流程进行分析。

1.再生路段勘测

再生路段勘测是现场热再生施工的首要环节，其目的是了解旧路面的基本状况，获取再生设计所需的各项数据资料，为后续施工方案制定提供依据。勘测内容主要包括以下几点：

（1）路面类型：明确旧路面的结构形式、各结构层厚度、材料类型等信息，判断是否适宜采用热再生技术进行养护。

（2）路面损坏状况：采用目测和仪器检测相结合的方法，评估旧路面的裂缝、车辙、沉陷等病害的分布特征和严重程度，确定热再生的范围和深度。

（3）路面强度：利用落锤弯沉仪、贝克曼梁等设备，测试旧路面的弯沉值、回弹模量等结构强度指标，评价路面承载能力。

（4）路面平整度：利用连续平整度仪、激光平整度仪等设备，测量旧路面的纵向平整度和横向平整度，判断路面的行驶舒适性。

（5）交通量：收集旧路面的交通量、车型分布、车速分布等数据，确定再生路面的交通等级和使用要求。

（6）气象水文：收集施工区域的气温、降雨量、地下水位等气象水文资料，为施工组织设计和材料配合比设计提供参考。

2.配合比设计

配合比设计是保障现场热再生沥青混合料性能的关键环节，其目的是确定新旧材料的最佳配合比例，使再生沥青混合料的级配、强度、稳定性等指标满足规范要求。配合比设计需要在室内先进行旧料性能测试和混合料设计，再通过现场试验段进行验证，主要包括以下步骤：

（1）旧料取样：在再生路段不同位置钻取旧路面芯样，送至实验室进行溶剂提取、级配筛分、性能测试等项目，评价旧料的可再生利用性。

（2）旧料组成分析：通过提取试验测定旧料的沥青含量和旧沥青性质，通过筛分试验测定旧料的集料级配，为新旧材料配合比设计提供基础数据。

（3）目标级配设计：根据旧料级配和新材料级配，采用图解法、线性规划法等方法，优化设计再生沥青混合料的目标级配，使其符合热再生技术规范的级配范围。

（4）新旧材料配比：在目标级配基础上，通过改变新料掺量、旧料掺量、沥青添加量等，设计不同新旧材料配合比方案，一般旧料掺量控制在30%～50%。

（5）混合料性能测试：对不同配合比方案设计的再生沥青混合料进行马歇尔稳定度试验、动态模量试验、车辙试验等，评价其高温稳定性、低温抗裂性、水稳定性等路用性能。

（6）最佳配合比确定：综合考虑再生沥青混合料的力学性能、路用性能、经济性等因素，参照有关设计规范，确定现场热再生的最佳材料配合比。

（7）配合比验证：在现场试验段铺筑再生沥青混合料，对其施工质量和路用性能进行检测评估，必要时对配合比进行微调，最终形成合理可行的施工配合比。

3.施工准备

施工准备是为现场热再生施工创造必要条件的关键环节，其目的是科学制定施工方案，合理配置施工机械，明确现场管理要求，确保施工过程安全、有序、高效。施工准备主要包括以下内容：

（1）施工方案制定：根据现场条件和试验段结果，编制现场热再生施工方案，明确施工工艺流程、技术参数、质量标准、安全措施等。

（2）设备进场检查：组织热再生专用设备进场，对其型号规格、技术状况、油耗水平等进行全面检查，确保设备满足施工要求。

（3）原材料进场检验：对新集料、新沥青、添加剂等原材料进行抽样检测，核查其规格、性能、数量是否满足配合比设计和施工方案要求。

（4）现场平整清理：对再生路段进行清扫、铣刨、填平等处理，消除影响施工的障碍物和严重病害，为热再生作业创造良好的施工条件。

（5）测量放样：利用全站仪、水准仪等测量设备，对再生路段进行中线、边线、高程等放样测量，以控制再生层的位置、宽度、厚度等。

（6）交通导改：根据施工需要和交通组织方案，设置施工警示标志和交通导流设施，疏导过往车辆，确保施工作业安全。

4.旧路面预热

旧路面预热是热再生工艺的首道工序，其目的是将旧路面加热至可塑化温度，改善其黏温特性，为后续铣刨再生创造有利条件。预热工序的技术要点如下：

（1）加热温度控制：根据旧路面材料类型、气温条件等因素，合理控制加热温度，沥青路面一般控制在 120～160 ℃。加热温度过低，旧料无法软化破碎；加热温度过高，易造成老化沥青的过度氧化。

（2）加热时间控制：根据加热设备的功率、行进速度以及旧路面的厚度、密度等参数，合理控制加热时间，一般为 5～10 min。加热时间过短，热量无法传递至路面深层；加热时间过长，会造成热量损失和温度梯度。

（3）加热均匀性控制：采用梯形或矩形热源布置方式，通过调节燃烧器喷嘴角度、高度等参数，使旧路面横向、纵向温度分布均匀一致。

（4）温度实时监测：采用红外线测温仪等设备，对旧路面加热过程的温度变化进行实时监测，并将温度数据传输至中央控制系统，根据反馈信号动态调节加热控制参数。

5.铣刨再生

铣刨再生是热再生作业的核心工序，通过专用设备将软化后的旧路面材料铣刨下来，并与新集料、新沥青、再生剂按照一定比例拌和均匀，现场生产再生沥青混合料。铣刨再生工序的技术要点如下：

（1）铣刨深度控制：根据旧路面材料特性、再生配合比设计、路面结构要求等因素，合理确定铣刨深度，一般为 5～10 cm。铣刨深度不足，会降低再生路面与下承层的黏结强度；铣刨深度过大，会造成路基局部承载力降低。

（2）铣刨速度控制：根据铣刨设备的功率、刀具数量、刀具间距等参数，以及旧路面材料的硬度、密度等特性，合理控制铣刨速度，一般为3～8 m/min。铣刨速度过快，铣刨深度不均匀，易出现粗集料裸露现象；铣刨速度过慢，设备生产效率低下，影响施工进度。

（3）温度衰减控制：铣刨下来的热料需要在较短时间内输送至拌和装置进行再生，应尽量减少温度衰减。可采用同步铣刨、集中供料、保温输送等措施，缩短铣刨料在料斗、皮带上的堆存时间，减少热量损失。

（4）再生料计量控制：利用计量设备对铣刨料、新集料、新沥青、再生剂等各物料进行定量配比，控制各组分材料的比例偏差在±3%以内。物料计量偏差过大，会引起再生沥青混合料级配、油石比的波动，影响其路用性能。

（5）再生料温度控制：热再生过程中需要对铣刨料进行二次加热，并与新料拌和均匀，拌和出料温度应控制在130～150 ℃。温度过低会影响混合料的黏结力和流动性，温度过高会加剧沥青老化。

（6）拌和时间控制：再生沥青混合料的拌和时间一般为30～60 s，应根据物料配比、含水率等情况适当调整。拌和时间过短，新旧材料难以达到均匀一致；拌和时间过长，则会造成温度损失和燃料浪费。

6.摊铺碾压

经过再生设备拌和生产的再生沥青混合料，需要采用专用摊铺机进行摊铺，并采用压路机进行碾压密实，形成符合路面要求的再生层。摊铺碾压工序的技术要点如下：

（1）摊铺温度控制：再生沥青混合料摊铺时的温度应控制在120～140 ℃，并尽量保证摊铺温度的连续性和均匀性。摊铺温度过低会降低混合料的压实度，摊铺温度过高会导致混合料黏结力降低。

（2）摊铺速度控制：摊铺速度应与再生设备的生产能力相匹配，一般为2～6 m/min。摊铺速度过快易引起混合料的离析、粗细料分布不均；摊铺速度过慢会造成混合料温度散失和接缝质量问题。

（3）摊铺厚度控制：再生层的摊铺厚度应根据路面结构设计要求确定，并利用摊铺机的自动找平系统实现厚度的精确控制，一般控制在±5 mm以内。摊铺厚度不均会影响路面的平整度和使用寿命。

（4）初压温度控制：再生沥青混合料摊铺后，应在其温度降至90～110 ℃时进行初压，可采用双钢轮压路机碾压2～4遍。初压温度过高会引起混合料泛油、黏轮等问题；初压温度过低会影响压实质量。

（5）复压温度控制：初压结束后，再生沥青混合料冷却至60～80 ℃时进行复压，可采用双钢轮压路机与轮胎压路机组合碾压4～6遍。复压温度和遍数应根据混合料的类型、厚度、气温等情况适当调整。

（6）终压与找平：复压结束后，利用双钢轮压路机碾压1～2遍，对再生层表面进行终压密实和微量找平，并检查表面石料的嵌入度和平整度，及时修正压实缺陷。

7.再生路面养护

热再生施工完成后，应及时对再生路面进行养护，改善其初期路用性能，延长其使用寿命。再生路面养护的技术要点如下：

（1）洒水降温：新摊铺的再生沥青混合料表面温度较高，宜适量洒水降温，并利用压路机进行碾压找平，减少温度应力引起的反射裂缝。

（2）封层养护：热再生层达到常温后，宜在其表面及时喷洒稀浆封层或碎石封层，厚度一般不小于 5 mm。封层可提高再生路面的防水性、抗滑性和耐磨性，延缓老化进程。

（3）交通管制：热再生路面在前期强度尚未完全形成，宜采取交通管制措施，禁止重型车辆和高速车辆通行，一般封闭时间不少于 24 h。

（4）性能监测：热再生路面养护期间，应定期检测其路用性能，如平整度、抗滑性、强度等指标，并根据监测结果优化养护措施。

综上所述，现场热再生技术工艺流程包括再生路段勘测、配合比设计、施工准备、旧路面预热、铣刨再生、摊铺碾压、再生路面养护等环节，每个环节都涉及诸多影响因素和控制参数。因此，为保证热再生路面的施工质量和使用性能，必须基于工程实际，从材料、温度、设备、工艺等方面进行系统设计和精细化管理，优化热再生各环节的技术参数和操作规范，强化热再生全过程的质量控制和数据分析，促进热再生工艺与装备向智能化、可视化、高效化方向升级，不断提高再生沥青混合料再生利用水平，最大限度发挥热再生技术的节能减排、节约资源效益，为公路养护事业的绿色可持续发展贡献力量。

第三节　现场热再生施工工艺

沥青路面现场热再生施工是一项复杂的系统工程，涉及原材料筛选、配合比设计、设备选型、工艺控制、质量检测等诸多环节。为确保现场热再生施工的质量和效率，必须科学规划各环节的工艺流程和技术参数，严格把控关键工序的操作规范和质量标准，做到环环相扣、有机统一。本节将重点阐述沥青路面现场热再生施工的关键工艺和控制要点，为工程实践提供指导。

（一）原材料筛选与配合比设计

现场热再生施工所需的原材料主要包括 RAP、新集料、新沥青、再生剂等。原材料的质量和配比直接决定了再生沥青混合料的路用性能，因此必须做好原材料筛选与配合比设计工作。

1.RAP 筛选

RAP 是现场热再生的主要原材料，一般由旧路面铣刨料和废弃料组成。为保证 RAP 质量，应优选路况条件好、使用年限短的路段，尽量避开大修或改建路段。同时，应对 RAP

进行目视检查和室内试验，主要控制指标如下：

（1）含水率：RAP 含水率应不大于 5%，含水率过高会影响拌和均匀性和温度控制。

（2）粒径：RAP 最大粒径应不大于 25 mm，粒径过大会影响铺装厚度和压实质量。

（3）针入度：提取 RAP 中旧沥青进行针入度测定，针入度应不小于 20（0.1 mm），否则需掺加再生剂。

（4）级配：对 RAP 进行筛分试验，绘制级配曲线，并与热再生技术规范要求的级配范围进行对比，必要时进行调整。

2.新材料选用

为改善再生沥青混合料的路用性能，通常需掺加适量新集料和新沥青。新集料可选用优质碎石、砂石或机制砂等，应符合下列要求：

（1）新集料的抗压强度应≥100 MPa，针片状含量应≤15%，吸水率应≤2%。

（2）新集料的颗粒级配应满足热再生技术规范要求，与 RAP 级配搭配合理，必要时进行调配。

（3）新集料的含泥量和含水率应分别控制在 1%和 3%以内。

新沥青应优选质量好、针入度等级适中的优质道路石油沥青，针入度宜为 60～80（0.1 mm），也可采用 SBS 改性沥青等高黏结力沥青，以改善再生沥青混合料的高温稳定性和抗车辙性能。

3.再生剂选用

再生剂是提高旧沥青活性、改善沥青与集料黏附性的关键材料。再生剂品种很多，主要包括植物油再生剂、煤焦油再生剂、高分子聚合物再生剂等。再生剂的选用应遵循以下原则：

（1）再生剂的稳定性和相容性要好，与旧沥青能够很好融合，不出现析油、结焦等现象。

（2）再生剂的黏度应与旧沥青相近，一般在 800～2 000 Pa·s（60 ℃），既不会降低混合料强度，也不会影响施工和易性。

（3）再生剂掺量应根据 RAP 性质和再生配合比进行优化，一般为沥青质量的 5%～15%。掺量过低达不到改性效果，掺量过高会降低混合料的耐久性。

（4）再生剂的环保性和安全性要好，储存和运输过程应采取防火防爆措施。

4.配合比设计

配合比设计是确定各组分材料用量的关键。由于 RAP 来源广泛、组成复杂，再生沥青混合料级配、油石比、性能的离散性较大，因此有必要在室内先进行配合比设计，确定各材料的最佳掺配比例，再通过现场试验段进行验证。配合比设计的基本步骤如下：

（1）确定 RAP 掺量：根据 RAP 质量和再生设计要求，合理确定 RAP 在再生沥青混合料中的掺配率，一般为30%～50%，高等级公路应适当降低RAP掺量。

（2）确定新集料级配：在RAP级配基础上，通过合理掺配1～2种新集料，使混合料级配满足下表的范围。

表3-1　混合料级配范围

筛孔尺寸/mm	通过率/%
26.5	100
19.0	95～100
16.0	85～100
13.2	75～95
9.5	60～80
4.8	40～60
2.4	25～45
1.2	15～35
0.6	10～25
0.3	5～15
0.2	3～10
0.1	2～7

（3）确定油石比：采用马歇尔试验方法，通过改变新沥青添加量（一般为2%～4%），测定不同油石比条件下混合料的稳定度、流值、空隙率等指标，并结合道路等级和气候条件，确定最佳油石比，一般为3.5%～4.5%。

（4）确定再生剂掺量：在最佳油石比条件下，通过改变再生剂掺量（一般为0.3%～1.5%），测定不同再生剂掺量条件下混合料的针入度、延度、软化点等指标，并结合混合料的黏结性和温拌效果，确定最佳再生剂掺量。

（5）性能检测：对设计的再生沥青混合料进行高温稳定性、低温抗裂性、水稳定性等性能检测，必要时进行车辙试验，评价其路用性能是否满足设计要求。

（二）生产运输

再生沥青混合料的生产主要采用热再生设备进行，可分为厂拌和现场拌两种方式。厂拌是将RAP运至沥青搅拌站，在搅拌楼内与新集料、新沥青、再生剂按配合比进行拌和；现场拌是利用自行式热再生设备，在现场直接对铣刨的RAP进行加热、筛分、计量，与新材料同步拌和。两种方式各有优缺点，应根据工程实际合理选用。

1.厂拌工艺

厂拌热再生工艺的优点是混合料质量稳定，生产效率高，但需解决RAP存储和运输问题。其生产工艺流程如下：

（1）RAP 筛分：利用振动筛将 RAP 分选为 0～5 mm、5～10 mm、10～30 mm 三个粒级，分别存放于料仓内。

（2）集料烘干：集料经烘干筒加热至 130～160 ℃，以降低含水率。

（3）集料筛分：烘干后的集料由系列振动筛进行筛分，分选为各规定粒级，分别计量。

（4）热料计量：按配合比设计用量，由热料仓分别计量所需的各粒级 RAP 和新集料。

（5）搅拌：计量后的 RAP、新集料，与计量的新沥青、再生剂一起进入搅拌锅，在 160～180 ℃条件下干拌 30 s，再加水湿拌 30～60 s，生产出再生沥青混合料。

（6）混合料运输：再生沥青混合料采用保温车运至施工现场，运输车厢应有良好的保温、防黏措施，并控制装载量，避免混合料温度散失和析离。

2.现场拌工艺

现场热再生施工一般采用自行式热再生设备，可实现“加热→铣刨→筛分→计量→拌和→摊铺”一体化作业，具有占地少、污染小、效率高等特点，更适用于交通繁忙路段。其施工工艺流程如下：

（1）旧路面预热：利用热再生设备前端的红外线加热装置，使旧路面温度达到 80～120 ℃，为铣刨创造条件。

（2）铣刨筛分：旧路面材料经铣刨辊铣刨后，由传送带输送至振动筛进行筛分，分选出粒径小于 50 mm 的 RAP 颗粒。

（3）RAP 计量：经筛分的 RAP 由热料斗计量，并输送至搅拌室。计量时应扣除其含水率，并对实际计量值进行动态反馈控制。

（4）新料计量：新集料由料仓计量后，与新沥青和再生剂一起输送至搅拌室。新沥青应提前加热至 150～170 ℃，再生剂常温下计量即可。

（5）拌和：搅拌室内的 RAP、新集料、新沥青和再生剂在 160～180 ℃条件下充分混合搅拌，拌和时间为 30～90 s。整个拌和过程应实现自动配料和温度智能控制。

（6）摊铺碾压：拌和完成的再生沥青混合料由摊铺板直接摊铺在铣刨后的基层上，经过初压、复压、终压，形成密实平整的再生面层。

再生沥青混合料生产过程的关键控制点包括：各组分材料计量精度，RAP 含水率和温度，新集料温度，新沥青和再生剂添加量，拌和时间和出料温度等。应加强现场质量检测，及时调整工艺参数。再生沥青混合料的运输会不同程度地造成温度降低和粒料析离，因此要做好保温和防黏措施，并尽量缩短运距，宜控制在 30 km 以内。

（三）摊铺碾压

再生沥青混合料摊铺碾压是现场热再生施工的最后一道工序，直接影响再生路面的平整度、密实度和外观质量。为确保摊铺碾压质量，需从摊铺准备、摊铺作业、接缝处理、碾压作业、质量检测等方面进行全过程控制。

1.摊铺准备

（1）基层处理：热再生通常不需对基层进行专门处理，但应保证基层表面平整、坚实、洁净、干燥。如基层出现松散、开裂、起砂等病害，应采取铣刨、找平等措施进行修复。

（2）摊铺环境：摊铺时的环境温度应≥10 ℃，风速应≤5 m/s，如遇雨雪天气则应暂停施工。

（3）摊铺机就位：摊铺机应对准道路中心线就位，摊铺高度和幅宽应根据混合料铺装厚度和有效宽度调整到位。

（4）找平控制：利用摊铺机的自动找平系统，采用3点支撑法或梁式找平，控制纵横坡度和高程。

2.摊铺作业

（1）供料：采用保温车向摊铺机料斗卸料，卸料时应缓慢均匀，保证摊铺机料斗料位在1/3～2/3波动。

（2）摊铺参数：摊铺速度应与混合料供应量相匹配，一般为2～6 m/min；摊铺温度应控制在130～170 ℃；摊铺厚度一般为4～8 cm。

（3）摊铺过程：应实现匀速、均厚、平顺摊铺，不得出现拉毛、析离、起皮等现象。摊铺中如遇设备故障或其他特殊情况，应及时停机处理。

3.接缝处理

（1）纵缝搭接：相邻两车道摊铺应采用热接缝法，接缝重叠宽度应为5～8 cm，摊铺高差应≤2 mm。

（2）纵缝碾压：纵缝搭接处应采用小型振动碾，在高温下碾压密实。同时应注意清除多余的混合料。

（3）横缝铺筑：横向施工缝应采用直缝法，并在日施工结束时采取铺纸板或喷洒隔离剂等措施。新一天施工时应将原横缝切齐、整平后再摊铺。

4.碾压作业

（1）碾压方式：碾压应分初压、复压、终压三个阶段进行，压实度应≥98%。

（2）初压：初压采用8～12 t的双钢轮振动压路机，温度控制在110～140 ℃，碾压遍数为1～2遍，碾压速度为2～3 km/h。

（3）复压：复压采用12～18 t的双钢轮振动压路机，温度控制在90～110 ℃，碾压遍数为2～4遍，碾压速度为3～4 km/h。

（4）终压：终压采用12～18 t的双钢轮静压压路机，温度控制在70～90 ℃，碾压遍数为1～2遍，碾压速度为3～5 km/h。

（5）碾压注意事项：碾压过程应由两侧向中间渐进，压路机应紧跟摊铺机，不得在新铺层上急刹车和快速转向。

5.质量检测

为及时掌握再生路面施工质量，应做好以下现场检测工作：

（1）混合料温度检测：在摊铺过程中，每 2 h 检测一次混合料出机口温度和入场后的温降值，温度应符合施工要求。

（2）层厚检测：采用钻芯法检测再生面层厚度，每 500 m 检测一次，厚度应满足设计值的 97%以上。

（3）平整度检测：采用 3 m 直尺检测再生路面的平整度，每 20 m 检测一次，高点平整度应≤3 mm，低点平整度应≤5 mm。

（4）压实度检测：采用钻芯法或无核密度仪检测再生路面的压实度，每 1 000 m^2 检测一次，压实度应≥98%。

（5）构造深度检测：采用砂浆法检测再生路面的构造深度，每 1 000 m 检测一次，构造深度应满足抗滑性能要求。

此外，还应定期进行车辙、弯沉等路用性能检测，评价再生路面的使用状况。如发现问题应及时分析原因，优化材料配比、施工工艺等。

（四）效果评价

沥青路面现场热再生施工完成后，应组织开展全面的效果评价工作，主要包括再生沥青混合料性能评价、再生路面质量评价、社会经济效益评价等。

1.再生沥青混合料性能评价

对施工过程中生产的再生沥青混合料进行室内性能试验，考核其路用性能是否满足设计要求。主要试验项目和指标包括：

（1）马歇尔稳定度：应≥8 kN。

（2）动稳定度：应≥2 500 次/毫米（60 ℃）。

（3）低温断裂韧性：应≥400 N • mm（−10 ℃）。

（4）冻融劈裂强度比：应≥80%。

（5）残留稳定度：应≥85%。

2.再生路面质量评价

对完工后的再生路面进行质量检测和验收，考核其外观质量和内在性能是否满足设计和规范要求。主要检测项目和指标包括：

（1）平整度：高点应≤3 mm，低点应≤5 mm。

（2）厚度：应满足设计值的 97%以上。

（3）压实度：应≥98%。

（4）构造深度：应满足抗滑性能要求。

（5）外观质量：不得有明显的搭接痕、离析、裂缝等缺陷。

检测结果应形成完整的质量评定报告，对不合格工程应及时进行处理和返工。质量评价是工程结算和竣工验收的重要依据。

3.社会经济效益评价

热再生技术的应用不仅要确保工程质量，还要达到节约成本、保护环境、改善交通的目的。因此有必要对其社会经济效益进行综合评价，主要从以下几个方面考量：

（1）材料节约情况：统计新集料、新沥青等材料的节约量，量化材料节约效益。

（2）废旧材料利用情况：统计 RAP 的掺配率和利用总量，量化废旧材料再利用效益。

（3）能耗及环保情况：测算再生材料生产、运输等过程的能源消耗水平，以及温室气体、扬尘等污染物排放水平，量化节能减排效益。

（4）通车时间及交通影响：记录热再生施工的工期缩短情况，统计施工期间交通流量、车速等参数，量化改善交通效益。

（5）使用年限及养护费用：跟踪监测再生路面的中长期使用性能，预估其使用年限和养护费用，量化降低全寿命成本效益。

在上述定量评价的基础上，还应开展问卷调查，了解沿线居民、司乘人员等的主观感受，定性评价热再生技术的社会公众满意度。效益评价报告可为热再生技术的进一步推广应用提供决策支持。

综上所述，沥青路面现场热再生施工涉及原材料筛选与配合比设计、生产运输、摊铺碾压、效果评价等诸多环节，每个环节都需要严格的技术标准和操作规范，缺一不可。只有全面系统地把握热再生施工的关键工艺和控制要点，扎实做好每一道工序，强化全过程的质量管理和效益评估，才能充分发挥热再生技术的综合效益，推动道路材料循环利用实现新突破。建议在工程实践中，积极借鉴国内外先进经验，结合工程实际进行工艺优化和机具改进，不断提高热再生路面的施工质量和使用性能，为路面工程绿色养护提供有力技术支撑。

第四章　沥青混合料现场热再生质量控制

第一节　再生沥青混合料生产过程控制

再生沥青混合料生产是现场热再生施工的关键环节，直接决定了再生路面的施工质量和使用性能。为保证再生沥青混合料的生产质量，需要对原材料供应、烘干筛分、拌和、运输储存等各个工序实施严格的过程控制，及时发现和解决生产异常问题，不断优化工艺参数，提高生产效率和产品质量。本节将重点阐述再生沥青混合料生产过程控制的主要内容和管理措施。

（一）原材料供应控制

原材料是再生沥青混合料生产的物质基础，其质量和供应直接影响混合料的组成和性能。因此，必须加强对原材料采购、运输、储存等环节的过程控制，确保原材料质量稳定和供应及时。

1.供应商评价

应建立合格原材料供应商名录，定期对供应商的资质条件、供货能力、质量保证体系等进行综合评价，优选品质优良、信誉度高的供应商，与其建立长期稳定的合作关系。对于新开发的供应商，应通过现场考察、样品检测等方式进行严格审核，确保其材料品质满足工程需求。对于不合格的供应商，应及时予以清退或限期整改，并建立供应商质量问题台账，跟踪督促其落实整改措施。

2.进场检验

原材料进场时，应对其数量、规格、外观、包装等进行验收，核实供货合同和质保书等文件，并随机抽取一定数量的样品送至实验室检测，检测项目应涵盖原材料的关键技术指标，如 RAP 的针入度、软化点、级配等，新集料的压碎值、磨耗损失等，新沥青的针入度、延度、软化点等，粉料的比表面积、亲水性等。检测结果应符合设计和规范要求，否则应拒收或限制使用。

3.储存养护

原材料应按照标准规程要求进行储存和养护，避免环境因素造成材料变质或污染。RAP宜存放于封闭式料棚内，防止日晒雨淋，并定期翻堆，保持均匀性；新集料应分仓存放，并设置隔离带，防止相互混杂；新沥青应存放于专用沥青储罐内，并控制储存温度和时间，定期检测其针入度等指标变化情况；粉料应存放于封闭式筒仓内，防止受潮结块，必要时采取干燥除湿措施。各类原材料的储备量应满足生产连续性要求，但也不宜过多，以免造成资金占压和材料变质。

4.计量投料

原材料计量是再生沥青混合料配比控制的重要手段。应根据配合比设计参数，利用计量设备对各组分材料进行精确称量，包括RAP、新集料、新沥青、再生剂等，称量误差应控制在±2%以内。计量设备应定期进行标定和维护，确保计量精度稳定。对于粉料等易产生计量偏差的材料，宜采用失重计量方式，通过变频给料装置实现误差自动修正。计量数据应与拌和楼自动控制系统联网，实现计量参数的实时监测和反馈控制。

（二）烘干筛分控制

在再生沥青混合料的生产过程中，需要对RAP和新集料进行充分烘干和筛分处理，去除其表面水分和粉尘，调整其级配和温度，为后续拌和创造条件。烘干筛分是混合料生产的关键工序，其过程控制的有效性直接关系到成品料的质量和性能。

1.RAP筛分

对于厂拌法再生沥青混合料而言，需要对运抵拌和厂的RAP进行筛分处理，去除其中的超粒径颗粒和杂质，并将其分选成不同粒径等级，为配料提供基础。RAP筛分可采用多层振动筛，筛分粒径一般包括0~5 mm、6~10 mm、11~20 mm等，筛分后的各粒径RAP应分别存放于封闭料斗内，定期检测其级配和含水率。对于现场热再生工艺而言，铣刨下来的RAP可直接由专用筛分系统进行分级，再输送至热再生设备内进行拌和，无需专门筛分。

2.集料烘干

烘干是去除集料表面水分的有效方法，可显著改善再生沥青混合料的温拌效果和路用性能。集料烘干通常采用烘干滚筒，利用筒体内的热风流对集料进行对流换热和蒸发脱水。为保证烘干质量，应严格控制烘干滚筒的转速、进料量、燃烧器火焰温度等工艺参数，并维持烘干系统的负压稳定，避免热量损失和粉尘外逸。烘干后的集料温度应控制在130~150 ℃，含水率应≤0.5%，并应采用热电偶等在线检测装置实时监测。

3.集料筛分

筛分是调整集料级配、优化混合料粒型的重要措施。烘干后的集料应及时输送至振动筛进行筛分，筛分设备一般采用四层或五层振动筛，根据混合料类型设置筛网孔径，并配备除尘装置。筛分过程应控制筛面振幅和筛下物料温度，避免细料过筛堵塞筛网。筛分后的各规格集料应计量投料至热料仓内分别存储，并采用热电偶监测料仓温度。热料仓的容量应根据生产能力合理设置，并留有一定富余量，避免冷料混入。

4.矿粉供应

矿粉是改善沥青混合料黏结性、提高混合料耐久性的重要材料。矿粉应优选优质石灰岩制成，比表面积应≥2 500 cm²/g，亲水系数应≤1%，细度应满足穿 75 μm 筛孔≥85%的要求。矿粉应气力输送至专用筒仓内储存，筒仓应设置呼吸器和除尘器，并定期检查其密封性和安全性。筒仓下部应设置给料装置，并与矿粉秤连接，通过变频控制实现精确计量。被计量的矿粉由螺旋输送机送入拌和楼，并与集料同步投料至搅拌锅内。

（三）拌和过程控制

拌和是再生沥青混合料生产的核心工序，通过搅拌装置将各组分材料按配比充分混合均匀，生产出满足路用性能要求的再生沥青混合料。为确保拌和质量，需要从温度、时间、功率等方面加强搅拌设备的运行控制，优化其工艺参数，提高拌和效率和均匀性。

1.组分投料

各组分材料在进入搅拌锅前，应按配合比设计参数进行定量投放，并控制投料时间和顺序。一般情况下，宜先投放 RAP 和新集料，待集料温度升至 120~140 ℃后，再投放新沥青、再生剂和矿粉，各组分材料的投放时间间隔应≤5 s，以保证物料在搅拌锅内能充分混合。各投料口应设置计量装置，并与中央控制系统连接，根据配合比参数自动调节给料速度，并记录实际用量。

2.温度控制

温度是影响再生沥青混合料拌和效果的关键因素。拌和温度过低，会导致新旧集料融合不良，新沥青老化不充分，混合料黏结力下降；温度过高，则会加剧新沥青老化，产生更多烟、尘等污染物，混合料工作性能变差。因此，应严格控制拌和温度，并实时监测。一般情况下，再生沥青混合料的拌和温度应控制在 140~170 ℃，实际温度应根据 RAP 和新沥青的性质、再生剂用量等因素合理确定，并避免温度波动超过±5 ℃。

3.时间控制

拌和时间是保证再生沥青混合料均匀性的重要参数。拌和时间过短，物料混合不均匀，局部性能差异大；时间过长，则会延长工作周期，降低生产效率，且易造成混合料温度散失和粒料破碎。因此，应合理控制拌和时间，并根据物料温度、含水率等情况适时调整。一般情况下，再生沥青混合料的干拌时间应为 10~15 s，湿拌时间应为 30~45 s，出料时间应为 5~10 s，具体时间应通过试拌确定。拌和时间应由中央控制系统自动控制，并与搅拌锅转速、门锁开关等联动。

4.功率控制

搅拌功率是衡量拌和装置运行状态的重要指标。搅拌功率过小，会影响拌和强度和均匀性；功率过大，则会增加设备磨损和能耗，降低生产效率。因此，应根据生产能力和物料特性，优化搅拌装置的型号选型和运行功率，并实时监测功率的变化情况。一般情况下，再生沥青混合料搅拌锅的装机功率应为20~30 kW·h/t，实际运行功率应为额定功率的70%~90%，并应控制功率波动在±10%以内。对于功率异常的情况，应及时分析原因，检查搅拌锅内衬磨损情况，必要时进行更换或维修。

（四）运输储存控制

再生沥青混合料拌和完成后，需要采用专用运输车辆及时运送至摊铺现场，并在摊铺前进行适当的储存和保温，为摊铺作业创造良好条件。运输储存过程中，应加强混合料品质管理，避免温度散失和粒料离析，确保混合料性能满足摊铺要求。

1.运输车辆

再生沥青混合料的运输车辆应选用自卸式保温车，车厢内应设置隔热层，上部应设置保温盖，保温材料应符合耐高温、防水、环保的要求。运输车车厢内壁应光滑平整，定期涂刷隔离剂，严禁使用汽油、煤油等易挥发有机溶剂。运输车应配备定位跟踪和温度监测装置，并与拌和楼调度系统联网，实现运输车调度的可视化管理。

2.运输温度

再生沥青混合料装车温度应控制在150~170 ℃，运输过程中温度下降幅度不宜超过10 ℃，卸料温度不宜低于130 ℃。为减少温度散失，应合理控制装料量和运输时间，减少沿途停留，并尽量避免在雨天、大风天气下运输。当运输距离较长时，宜采用大型保温料斗车运输，装车温度可适当提高10~20 ℃，并缩短卸料时间。

3.卸料方式

再生沥青混合料卸料时，应采取集中卸料的方式，避免沿路抛洒和离析。对于厂拌法再生沥青混合料，应根据摊铺速度控制卸料频次，并与摊铺机料斗衔接紧密，保持摊铺连续均匀；对于现场热再生工艺，铣刨料直接由再生设备输送至摊铺机料斗，卸料过程应与摊铺机行进速度同步。卸料过程中，应避免碰撞料斗和地面，减少温度散失和粒料破碎。

4.料堆管理

对于摊铺前需临时堆存的再生沥青混合料，应集中堆放于干燥、坚实、排水良好的场地，并用帆布覆盖料堆表面，避免受潮或日晒。料堆高度不宜超过3 m，堆放时间不宜超过2 h。摊铺前，应使用装载机取料，并控制取料深度和均匀性，避免取料过程中的粒料离析。取料装载机应定期清理铲斗和轮胎，减少相互污染。

5.质量检验

在运输和摊铺施工过程中，应对再生沥青混合料的温度、外观、级配、油石比、混合均匀性等指标进行抽样检测，检测频率应满足规范要求。当发现混合料质量异常时，应及时查明原因，采取必要的纠偏措施，如调整摊铺参数、返工重铺等。质量检验数据应完整记录，并纳入工程质量管理档案。

对于再生沥青混合料的生产过程控制，美国国家沥青技术中心（NCAT）提出了较为系统和量化的管理措施，值得借鉴。根据 NCAT 的研究，再生沥青混合料生产过程控制的关键在于建立规范化的操作规程，并辅以定期评估和持续改进。操作规程应包括原材料管理、设备操作、过程监测、数据分析、异常处理等内容，既要明确操作参数和技术标准，又要体现差异化管理和柔性控制理念。同时，应加强操作人员培训和考核，增强其质量意识和责任心。定期对生产过程的原始记录数据进行统计分析，关注关键控制指标的变化趋势，采用控制图、排列图等质量管理工具及时发现体系运行中的薄弱环节，持续优化资源配置和运行方案，形成闭环管理和精益管理。

此外，NCAT 还建议采用信息化手段提升混合料生产过程控制的效率和精度，如在关键工序设置自动化控制和在线检测装置，建立从原料供应到成品检验的全流程信息追溯系统，应用大数据分析和专家系统优化工艺参数，开发虚拟生产和工艺仿真训练系统等。这对于规范操作行为、响应过程异常、指导工艺优化具有重要意义。

总之，再生沥青混合料生产过程控制是一项复杂的系统工程，需要生产管理人员具备扎实的专业知识和丰富的实践经验，能够准确把握各工序的生产状态，及时优化调整工艺参数，动态平衡生产效率和成本、质量、环保等目标。在理念上，应树立“过程控制是质量的保障，体系的优化是持续的追求”的质量观；在措施上，应遵循“围绕生产抓管理，依靠创新促提升”的行动纲领，积极应用信息化、自动化等先进技术手段，建立规范化、标准化、精细化、智能化的生产过程控制体系，实现再生沥青混合料生产的高质量、高效率、低成本、低排放，最终为公路工程全寿命周期绿色养护夯实材料基础。

第二节　再生沥青混合料施工过程控制

再生沥青混合料摊铺碾压是现场热再生施工的最后一道工序，直接决定了再生路面的外观质量、使用性能和耐久性。为确保再生沥青混合料铺装层质量，必须加强摊铺碾压过程中的质量控制，优化施工工艺参数，规范操作人员行为，强化现场试验检测，及时调整施工误差，最终实现路面结构的高度均匀性、稳定性和耐久性。本节将重点阐述再生沥青混合料施工过程控制的主要环节和控制要点。

（一）施工准备

科学严谨的施工准备是再生沥青混合料摊铺碾压的先决条件和重要保障。施工准备主要包括技术准备、材料准备、设备准备和现场准备等内容。

1.技术准备

（1）制定专项施工方案。根据工程设计文件、现场调查资料、试验段数据等，编制再生沥青混合料摊铺碾压专项施工方案，明确施工工艺流程、技术参数、质量标准、应急预案等，经过专家论证和试验段验证后执行。

（2）健全质量管理体系。建立覆盖设计、采购、生产、施工、检测、验收等环节的全过程质量管理制度，明确各岗位职责和管理要求，编制操作规程和质量检验细则，规范质量行为。

（3）开展技术交底与培训。组织设计、施工、监理、试验等单位进行图纸会审和技术交底，统一技术标准和质量要求；加强各岗位操作人员的技术培训和安全教育，提高作业能力和质量意识。

（4）完善信息化管理平台。利用条码、射频、移动终端等信息化手段，对人员、材料、设备、工序等生产要素进行精细化动态管理，实现施工过程的可视化监控、数字化管理和实时化调度。

2.材料准备

（1）再生沥青混合料。在摊铺前，应对再生沥青混合料的温度、外观、离析、黏结性等进行检查，温度偏差和离析现象严重的混合料严禁摊铺，并按照专项施工方案的要求倒运至摊铺现场。

（1）新沥青混合料。对于局部补强或整体加铺层的新沥青混合料，应检查其材质证明文件，确认其技术指标满足设计要求；运抵现场后，应检查其温度、黏结性等，及时倒运摊铺。

（3）乳化沥青黏层油。采用乳化沥青作为黏层油时，应检查其存储条件和品质状态，发现析油、结皮、变质等问题及时更换；喷洒前应充分搅拌均匀，控制喷洒量为 0.3~0.5 kg/m^2。

（4）其他辅料。对路面标线涂料、防水黏结材料等辅料，应按照产品技术说明书要求保存和使用，并留存必要的质保资料和出厂证明文件，确保材料质量可追溯。

3.设备准备

（1）摊铺设备。采用自行式摊铺机时，应选择型号规格与摊铺宽度、厚度相匹配的整机，并检查其加热系统、紧固部件、液压系统等易损易耗部位，确认其工作状态良好后方可进场。

（2）碾压设备。碾压设备宜采用双钢轮振动压路机与轮胎压路机组合，型号规格应满足碾压遍数和速度要求；碾压前应检查其轮胎气压、振动频率、水箱水位等，确认其性能完好。

（3）运输车辆。运输车辆应配备足够的保温装置和防黏隔离措施，定期检查车厢密封性和保温性能；装料前应预热车厢，清理杂物，涂刷隔离剂，确保混合料不黏附车厢。

（4）其他机具。对于小型手扶式振动碾、高频率振捣器等小型辅助机具，应检查其外观完好性和性能稳定性；专用于再生工程的机具还应检查其工作参数的适用性。

4.现场准备

（1）交通导改。根据施工组织设计和交通管制方案，提前做好施工路段的交通导改准备工作，设置施工警示标志、安全防护设施和车辆引导标识，确保来往车辆和施工作业安全。

（2）基层处理。采用铣刨法热再生时，施工前应对再生路段的基层表面进行清扫、修补、找平等处理，尤其是对局部病害和高低不平处，应采取铲补或刨平措施。

（3）联络配合。加强与上下游工序的联络与配合，及时掌握路面铺筑、管线敷设等相邻作业面的施工时间、范围、方式等信息，消除相互干扰，确保摊铺碾压的连续性。

（4）应急准备。提前做好恶劣天气、机械故障、材料短缺等突发情况的应急准备，编制应急预案，落实应急物资和机具，确保一旦发生突发情况，能够及时妥善处置。

（二）摊铺作业

摊铺作业是沥青路面施工的关键工序，其目的是将运抵现场的混合料均匀铺散到基层表面，使其厚度、平整度满足设计要求。为保证摊铺质量，必须加强摊铺机的运行控制和人工配合作业。

1.摊铺环境要求

（1）气温。沥青混合料摊铺施工应避开低温、雨雪、大风天气。当环境温度低于 5℃时，不宜摊铺施工；当风速大于 5 m/s，应采取防风措施。

（2）路基。施工路段的路基应压实、平整、坚实、干燥，无积水、尘土、油污等杂物。摊铺前，应对路基表面进行清扫、修整，并洒水湿润，不得扬尘。

（3）运料。混合料运抵现场后，应立即卸入摊铺机料斗，不得在现场久置。当混合料温度低于 130 ℃时，不得摊铺；当发生严重黏结、离析现象时，应予以废弃。

2.摊铺参数控制

（1）摊铺速度。摊铺速度应根据混合料的供应情况、路面宽度、摊铺厚度、天气条件等因素综合确定，并保持均匀稳定。一般情况下，摊铺速度宜控制在 2~6 m/min。

（2）摊铺温度。摊铺温度应根据混合料类型、车辆运距、环境温度等因素合理控制，并尽量保持温度均匀一致。一般情况下，混合料经过摊铺机螺旋输送后的温度应≥130 ℃。

（3）摊铺厚度。摊铺厚度应严格按照施工方案要求控制，并采用摊铺机自动找平系统实时监测。一般情况下，摊铺压实后的层厚度与设计值偏差应≤±0.5 cm。

（4）摊铺宽度。摊铺宽度应根据基层宽度、车道宽度、摊铺机工作幅宽等因素确定。

一般情况下，应控制纵缝位置与车道边线重合，避免摊铺层的错台和裂缝。

3.摊铺机操作要点

（1）就位。摊铺机就位前，应调整好摊铺高度和幅宽。就位后，紧固螺旋布料器和锁定悬臂梁，检查传动系统运转正常。

（2）供料。摊铺过程中，应及时补充料斗混合料，保持料位高度为料斗容积的 1/3~2/3。当料位过高时，易发生粗集料离析；料位过低时，易产生摊铺层厚度不均。

（3）过程控制。摊铺过程中，应连续匀速前进，不得随意变换速度和方向。发现摊铺层表面粗糙、马牙缝、拉毛、起皮等问题，应及时分析原因，调整摊铺机工作状态。

（4）接缝处理。摊铺层接缝处，应采用人工配合找平，并在新旧层交接处形成斜坡，坡度宜为 1∶1.5~1∶1。接缝两侧应整齐密实，高差应≤0.5 cm，严禁使用高温烫平。

4.人工配合要点

（1）料温检测。摊铺过程中，专人应使用便携式测温仪对卸料点、摊铺层表面等部位的温度进行测定，频率为 2 次/h，并对异常温点及时处理。

（2）高程控制。结合摊铺机自动找平装置，专人应使用人工找平尺对摊铺层纵横高程进行检查，发现高低不平、离析、裂缝等问题，立即采取铲除、填补等措施。

（3）表面整形。紧跟摊铺机，专人应使用铁耙、铁锹等工具对摊铺层表面进行刮平、填补、抹光等处理，消除粗糙、麻面、蜂窝等表面缺陷，并及时清除杂物。

（4）接缝修整。在纵横缝及人手孔、检查井等构造物附近，专人应使用小型工具和材料进行压实、修整，确保接缝顺直、密实、平整，严禁使用溶剂煤油等软化材料。

（三）碾压作业

碾压作业是紧跟摊铺的工序，其目的是将松散的混合料压实成密实、平整的路面结构层，使其厚度、强度、稳定性满足设计要求。碾压作业需要在适宜的温度条件下，采用合理的压路机组合方式和碾压工艺参数，避免欠压、过压等问题。

1.碾压环境要求

（1）混合料温度。混合料的初压温度应≥110 ℃，复压温度应≥90 ℃，终压温度应≥70 ℃。当环境温度较低时，应适当提高碾压温度，但不得超过混合料的最高加热温度。

（2）基层状况。基层表面应坚实平整，无显著车辙、拥包、油污、积水等缺陷。当出现局部缺陷时，应采用铲除、填补等措施进行处理，为碾压作业创造条件。

2.碾压工艺参数

（1）碾压遍数。碾压遍数是影响压实度的关键参数，应根据混合料类型、摊铺厚度、基层状况等因素综合确定。一般情况下，初压 1~2 遍，复压 2~4 遍，终压 1~2 遍。

（2）碾压速度。碾压速度与碾压质量呈负相关，速度越高，压实度越差。一般情况下，初压速度宜为 2~3 km/h，复压速度宜为 3~4 km/h，终压速度宜为 4~5 km/h。

（3）碾压方式。常用的碾压方式包括静压、振动压、轮胎压等，应根据混合料性质和使用要求合理选用。一般情况下，初压宜采用双钢轮静压，复压宜采用双钢轮振动压，终压宜采用轮胎压。

（4）压实度。压实度是衡量碾压质量的综合指标，应严格控制。一般情况下，热再生沥青混合料的压实度应≥98%，厚度≥4 cm；冷再生沥青混合料的压实度应≥97%，厚度≥8 cm。

3.压路机操作要点

（1）成组碾压。碾压设备应结合摊铺速度、碾压遍数等参数，合理搭配组合，做到分工协作、密切配合。各压路机的工作区域应严格划分，避免来回穿插。

（2）碾压方向。初压宜采用跟踪碾压，方向与摊铺方向一致；复压和终压宜采用横向碾压，方向与摊铺方向垂直，并采用轮迹搭接压实的方式。

（3）接缝碾压。纵横接缝应采用小型压路机配合碾压，并提高碾压遍数，避免接缝部位压实度不足。纵缝碾压应先静压再振压，横缝碾压应增大搭接宽度。

（4）特殊部位碾压。对于人手孔、检查井、路缘石等特殊部位，应使用小型压路机或手扶式振动碾进行碾压，并控制好碾压遍数和轨迹搭接，避免漏压或过压。

4.常见质量问题及处置

（1）麻面、粗糙。可能原因包括混合料级配不连续、温度偏低、碾压不当等。应及时采取铣刨、补料、重新碾压等措施进行处理，必要时进行局部返工。

（2）车辙、拥包。可能原因包括混合料配比不当、温度偏高、碾压力度不足等。应及时采取铲除、填平、复压等措施进行处理，必要时进行局部翻铺。

（3）裂缝、离析。可能原因包括混合料老化、温度离散、碾压不均等。应及时采取灌缝、封层、罩面等措施进行处理，裂缝较宽时应进行铣刨补强。

（4）推移、波浪。可能原因包括混合料黏结力不足、基层强度低、碾压力度过大等。应及时采取透层、黏层、减振动等措施进行处理，严重时应进行铣刨重铺。

（四）再生路面养护

再生路面在正式交付使用前，应进行必要的养护作业，稳定内部结构，改善外观性能，提高路用性能。同时，在运营初期和使用寿命内，还应根据交通特点和病害发展规律，及时开展日常养护、预防性养护、小修保养等工作，最大限度发挥再生路面效用。

1.交工前养护

（1）撒布粗砂。再生沥青路面在终压后 2~4 h 内，应撒布一定量的粗砂，厚度为 0.2~0.5 mm，并采用轮胎压路机碾压 1~2 遍，防止车辆黏轮带料。

（2）洒水降温。再生沥青路面在终碾后 24 h 内，应定期洒水养护，控制洒水量 0.5~1.0 kg/m^2，并视温度情况每隔 2~4 h 洒水一次，促进结构冷却定型。

（3）交通管制。再生路面在终碾后，表面温度降至 50 ℃以下方可开放交通。开放初期，应对车辆限速、限载，并禁止车辆紧急制动、急转弯等危险行为。

（4）清扫养护。再生路面通车初期应加强路面清扫，及时清理遗撒的砂石、杂物等，并注意观察路况变化，发现问题及时处理。

2.运营期养护

（1）日常巡查。运营期间，应定期对再生路面进行巡视检查，重点关注车辙、裂缝、沉陷等病害发生情况，并做好巡查记录，为养护决策提供依据。

（2）路面清扫。定期对路面进行机械化清扫，清除尘土、垃圾等杂物，保持路容整洁。每年不少于 4 次，汛期和大气污染期应适当增加频次。

（3）裂缝治理。对于再生路面出现的微表处裂缝，应及时采用沥青灌缝或贴缝带封闭裂缝，延缓裂缝的发展；对于贯穿性裂缝，应及时采用罩面或补强措施。

（4）车辙修复。对于车辙深度超过 10 mm 的路段，应及时采用热熔贴缝带填充车辙，严重时应铣刨重铺；对于车辙高度变化率大于 1%的路段，应及时进行铣刨修平。

（5）预防性养护。根据再生路面的使用年限、交通状况、气候条件等因素，适时开展雾封层、稀浆封层、微表处等预防性养护作业，减缓路面老化速度，延长使用寿命。

3.检测与评价

再生路面在运营期间，应定期开展路况检测与评价工作，动态掌握路面结构性能、使用状况等信息，优化养护策略。

（1）路况检测。采用多功能路况检测车对路面平整度、抗滑性能、结构强度等指标进行检测，频次不少于每年 1 次。

（2）路面评价。采用国际路面破损指数（PCI）等路面性能评价指标，对路面行驶质量和综合性能进行评价，并进行分等定级。

（3）专项调查。针对路面局部病害特征明显、发展速度较快的路段，应组织开展专项调查，查明原因，制定针对性的养护方案。

（4）技术对比。针对采用不同再生技术、不同配合比的路段，应开展长期性能对比观测，积累材料、结构、工艺优化的第一手资料。

（5）成效评估。定期开展再生路面养护工作的综合成效评估，从技术效果、经济效益、环境效应等方面量化再生养护的实际收益，指导后续决策。

需要指出的是，再生路面的养护管理应本着“预防为主，加强日常养护，及时修复病害”的原则，通过体系化、信息化、精细化管理，最大限度减少养护干预对交通和环境的影响，最终实现路面全寿命周期内的质量、安全、环保、经济目标。

（五）质量验收

再生路面施工完成后，应及时组织开展交工验收和竣工验收工作，全面考核施工质量、使用性能是否符合设计和规范要求。质量验收应坚持“严格把关，突出重点，注重系统性，确保工程整体质量”的原则。

1.验收依据

再生路面质量验收应以下列文件为依据：

（1）工程设计图纸和文件。

（2）现行的工程施工技术规范和质量验收标准，主要包括《公路工程质量检验评定标准 第一册 土建工程》（JTG F80/1—2004）、《公路沥青路面再生技术规范》（JTG F41—2008）等。

（3）工程承包合同中约定的技术要求和商务条款。

（4）经监理工程师认可的施工方案、试验资料等。

2.验收程序

质量验收工作一般应按照自检、专检、抽检的程序进行。

（1）施工单位质量自检。施工单位应对再生路面逐段开展质量自检，重点检查路面外观质量、厚度、压实度、平整度等指标，对不合格工程及时进行处治并复验。自检合格后向监理单位提交验收申请。

（2）监理单位质量抽检。监理单位收到验收申请后，应对施工单位自检成果进行符合性审查，并结合自检数据，对路面质量进行抽检。抽检内容除施工单位自检项目外，还应包括材料质量、施工工艺等。抽检结果应符合设计和规范要求。

（3）业主单位组织验收。业主单位牵头，会同监理、设计、施工、试验等相关单位，对工程资料进行全面检查，并对路面关键性能指标进行联合抽检，重点包括路面结构强度、使用性能等，以及地下管线、交通工程等附属工程。验收组应根据检查情况作出验收结论。

（4）缺陷责任期复检。交工验收通过并交付使用后，缺陷责任期内，业主单位应定期组织开展再生路面质量跟踪复检，重点关注常见病害的发生情况。如发现质量缺陷，应要求施工单位限期整改；情节严重的，还应追究其经济和法律责任。

3.验收标准

再生路面的质量验收标准应符合表 4-1 的规定。

表 4-1　再生路面质量检验项目和标准

项目	指标	规定值或允许偏差	检测方法
原材料质量	针入度、延度、软化点等	符合技术规范要求	抽样检
厚度	厚度	不小于设计值的 95%	钻（芯）孔法
压实度	压实度	≥98%	钻（芯）孔法、核子仪法
平整度	3 m 直尺量距内高低差	≤3 mm	连续式平整度仪法
构造深度	构造深度	≥0.55 mm（高速公路、一级公路）	测沙法
		≥0.45 mm（二级及以下公路）	

续表

项目	指标	规定值或允许偏差	检测方法
抗滑性能	构造深度、摆式仪值等	符合技术规范要求	测沙法、摆式仪法
外观质量	表面纹理、缺陷、接缝质量	符合技术规范要求	目测、钢尺卷尺量测

上表中的检测数量和合格判定，应按照《公路工程质量检验评定标准 第一册 土建工程》（JTG F80/1—2004）附录B的规定执行。对于同一检测项目，如施工单位自检、监理抽检和业主联合抽检结果不一致时，应以业主联合抽检结果为准。

4.质量问题处理

对于质量验收中发现的问题，应区别对待、严肃处理。

（1）一般质量问题。对于路面整体质量、安全和使用功能影响不大的一般质量问题，如外观缺陷、局部指标超限等，应要求施工单位限期整改，整改合格后方可验收。

（2）严重质量问题。对于路面整体质量、安全和使用功能影响较大的严重质量问题，如关键性能指标不合格、结构开裂破损等，应要求施工单位采取返工、加铺或改建等措施进行处理，否则不予验收。

（3）质量事故。对于因设计、施工、原材料等因素导致的质量事故，如大面积路面破坏、结构失稳等，应按照有关规定进行调查和处理，并追究相关责任方的法律和经济责任。

综上所述，再生沥青路面施工过程控制是一项复杂的系统工程，涉及摊铺、碾压、养护、验收等诸多环节，需要业主、设计、施工、监理、试验等各方密切配合，强化过程管理，严控质量关，才能确保再生路面的施工质量。在实际工作中，应遵循精细化、信息化管理理念，加强过程控制的标准化和规范化，构建全过程、全方位、全天候的质量管控体系，推广新技术、新工艺、新材料、新装备的应用，提高质量管理的针对性和有效性，最终实现再生路面施工过程控制的科学化、精细化、智能化，为公路养护工程高质量发展提供坚实基础。

第五章　工程应用案例分析

第一节　工程概况

为验证沥青混合料现场热再生技术的工程适用性和实际效果，本研究选取了山东省某高速公路的旧路面改造工程作为应用案例，对其再生施工过程和使用性能进行了系统跟踪与分析。本研究采用热再生技术对原有的沥青混凝土面层进行原位再生，并对局部病害严重路段进行补强处治，最终使服役多年的旧路面获得新生，在节约工程投资、减少材料消耗、保护生态环境等方面取得了显著效益。本节将从工程概况、主要病害、再生方案等方面对本研究的基本情况进行介绍。

（一）工程概况

本研究位于山东省某高速公路的中间路段，路线全长 28.5 km，双向四车道，设计速度 120 km/h，2001 年建成通车。该路段地处鲁中丘陵区，地形起伏较大，纵坡较陡，坡长较长，最大纵坡达 4.0%，均为长大下坡路段。由于承担了大量的煤炭等大宗货物运输任务，该路段超载车辆比例高，实际交通量远超设计值，属于典型的交通拥挤、超载严重路段。在交通荷载和气候因素的长期作用下，路面病害发展十分严重，亟须进行旧路面改造与功能提升。

该路段的横断面结构自上而下依次为 4 cm 细粒式沥青混凝土面层（AC-13）、5 cm 中粒式沥青混凝土面层（AC-20）、36 cm 水泥稳定碎石基层、18 cm 石灰稳定土底基层。根据近三年的定期检测数据分析，路面各项性能指标均呈现明显的衰退趋势，主要表现为车辙、裂缝、沉陷、坑槽、啃边等病害频发，路面总体技术状况等级已接近须修补级别，个别路段甚至达到了病害级别，路面使用性能和行车安全性大幅下降。

本研究旨在通过对旧路面的再生利用，在尽量减少对原有路基、基层破坏的同时，最大限度地恢复和提高路面的养护质量，延长路面使用寿命。为此，经过反复研究论证，本研究采用“就地热再生+局部补强”的改造方案，对原有的沥青混凝土面层实施热再生，并对基层局部损坏路段进行结构补强，以期全面提升路面的耐久性和使用性能，实现路面全寿命周期内效益的最大化。

（二）工程病害调查

为查明旧路面病害的类型、数量、分布等情况，精准确定各路段的再生方案和补强措施，项目组对全线进行了细致的路面病害调查。调查内容主要包括路表病害目测、结构损坏钻探取芯、路面构造深度测沙法检测等。

1.路表病害调查

通过人工目测和多功能路况调查车检测相结合的方法，对路表病害的类型、密度、分布位置进行了调查统计。调查发现，全线共有 8 种典型路面病害，分别为车辙（3.489 km）、纵向裂缝（2.885 km）、横向裂缝（218 道）、龟裂（1526 m^2）、坑槽（382 处）、沉陷（119 处）、唧浆（263 处）、啃边（1.685 km）。其中，车辙是分布最广、危害最大的一种病害，主要集中在上下坡路段的行车道外侧，最大车辙深度超过 20 mm，严重影响行车安全。纵横裂缝和龟裂多发生在桥头伸缩缝附近和路基沉降明显路段，最大裂缝宽度达 10 mm，对结构完整性造成较大破坏。坑槽、沉陷多发生在车辙严重路段，唧浆病害主要沿纵缝和接缝分布，啃边多出现在超车道外侧。

2.结构损坏调查

为掌握旧路面结构内部的破坏情况，本工程每隔 1 km 选择一个代表性断面，采用静力触探仪进行结构强度检测，并钻取路面芯样送交实验室测试层间黏结强度。调查发现，全线路面结构存在不同程度的内部损坏，主要表现为面层局部开裂、面基层黏结不牢、基层局部空鼓等，个别路段的基层强度明显不足，已出现疲劳开裂迹象。其中，S1、S3、S5 等断面的面基层黏结强度普遍低于 0.8 MPa，局部黏结强度甚至小于 0.5 MPa，反映出结构整体性较差。基层芯样也发现了大量微裂隙和起皮现象，说明旧路面结构的内在完整性和承载能力已受到明显削弱。

3.路面弯沉检测

采用落锤式弯沉仪（FWD），对路面结构的整体承载力和结构强度进行了检测评价。检测断面布设与芯样钻取位置一致，每个断面连续测试 3 点，取其代表值。根据弯沉值反算路面结构层模量，并计算结构强度指数（SCI）、沥青面层指数（BLI）等综合指标。检测结果表明，各断面的路表弯沉值在 219~483 μm，平均为 348 μm，普遍偏大；SCI 在 128~316，平均值为 219，反映路面结构完整性较差；BLI 在 42~106，平均值为 78，反映沥青层疲劳裂缝发生风险较高。结合弯沉测试与芯样检测结果，本工程旧路面已出现了结构承载力不足、沥青层强度降低、基层局部破坏等结构性病害，迫切需要采取再生与补强措施。

4.路面构造深度检测

路面构造深度是影响路面抗滑性能的关键指标，也是评价路表宏观轮廓特性的重要参数。本工程采用测沙法对全线路面的构造深度进行了检测，每隔 1 km 设一个检测断面，每个断面连续测试 5 个点。检测结果显示，路面构造深度在 0.32~0.81 mm，平均值为 0.56 mm，总体上满足高速公路的抗滑性能要求。但也发现个别路段的构造深度明显偏小，存在驾驶安全隐患，需要采取相应的防滑处治措施。

综合路面病害调查结果，本工程将全线划分为三类路段：I类路段为重度病害路段，主要为车辙深度大于 15 mm 或基层损坏严重的路段，建议采用“热再生+补强”方案；II类路段为中度病害路段，主要为表面轻微破损但结构完整性尚好的路段，建议采用“热再生”方案；Ⅲ类路段为轻度病害路段，主要为少量裂缝或构造深度不足的路段，建议采用“热再生+防滑处治”方案。病害路段分类统计结果见表 5-1。

表 5-1 病害路段分类统计表

路段类别	起止桩号	长度/km	面积/km²	占比/%
Ⅰ类路段	K22+500~K25+800	3.300	0.079 2	11.6
	K32+100~K35+200	3.100	0.074 4	10.9
	K41+400~K42+900	1.500	0.036 0	5.2
小计	—	7.900	0.189 6	27.7
Ⅱ类路段	K17+800~K22+500	4.700	0.112 8	16.5
	K25+800~K32+100	6.300	0.151 2	22.1
	K35+200~K41+400	6.200	0.148 8	21.8
小计	—	17.200	0.412 8	60.4
Ⅲ类路段	K15+600~K17+800	2.200	0.052 8	7.7
	K42+900~K44+100	1.200	0.028 8	4.2
小计	—	3.400	0.081 6	11.9
合计	—	28.500	0.684 0	100.0

（三）再生方案设计

根据不同类型路段的结构状况和病害特点，本工程分别制定了再生与补强方案，形成了“热再生+局部补强+防滑处治”的一体化改造技术路线。

1.热再生方案

热再生是对旧沥青面层进行加热、铣刨、筛分、掺加新材料、搅拌、摊铺、碾压的一体化再生过程，可最大限度地利用旧料，提高路用性能。本工程采用德国维特根（Wirtgen）公司的自行式热再生设备 KMA220，该设备油耗低、生产效率高，最大再生深度可达 0.3 m，再生宽度 2.0 m，外掺新料量 30%左右，可满足本工程对旧沥青面层的一次性再生需求。

热再生工艺流程为：预热铣刨→筛分计量→掺料拌和→摊铺碾压→质量检测。

2.局部补强方案

对于基层损坏严重路段（I类路段），在热再生的基础上，还需进行结构局部补强。本工程拟对基层空鼓、裂缝严重区域开挖修补，局部范围内加铺 10~15 cm 厚的级配碎石并整平压实，以提高路基弯沉模量到 120 MPa 以上。同时，还需对热再生后路面适当加铺一层黏层油，增强面基层黏结力。考虑到车辙、坑槽较深路段的再生后强度恢复需要一定时间，本工程拟在其表面加铺 4 cm 厚的 SMA-13 磨耗层，作为过渡层使用，并延长养护期，待强度完全恢复后再开放交通。

3.防滑处治方案

对于轻度病害路段（III类路段），在热再生的基础上，还应对构造深度偏小路段进行防滑处治。本工程拟对这些路段实施一层薄层罩面或同步碎石封层，采用 SMA-10 或改性乳化沥青同步碎石封层，粗集料最大公称粒径 9.5 mm，用量 8~10 kg/m²，厚度一般为 8~12 mm。通过在路表撒布粗糙集料并嵌入沥青混合料中，可大幅改善路面的抗滑性能，消除安全隐患。防滑层与热再生层应采用改性乳化沥青黏层油黏结，并控制好两者厚度配比，避免出现推移、脱空等早期病害。

（四）施工组织管理

为确保热再生工程质量，充分发挥再生路面的使用性能，本工程高度重视施工组织管理工作，在技术、材料、机械、人员等方面提出了严格要求。

1.施工技术管理

施工技术管理是热再生工程的核心，关键是原材料质量控制、配合比优化、生产工艺管控、施工过程检测等。本工程与多家科研院所合作，对再生沥青混合料的材料组成、配合比设计、室内性能进行了大量试验研究，建立了完善的质量检测体系和评价标准，并制定了缺陷责任期养护管理办法。施工过程中，业主、监理、施工、设计、试验等单位密切配合，成立了专门的现场实验室和信息化管理平台，对关键工序实施动态监控、过程跟踪、质量评价，及时优化施工工艺，消除质量隐患，确保了工程的施工进度和质量水平。

2.材料供应管理

再生路面工程所需的原材料主要包括 RAP、新集料、新沥青、再生剂等。其中，新集料采用优质玄武岩石料，新沥青采用高标号道路石油沥青，再生剂选用植物油基再生添加剂。为保证原材料质量，本工程在材料准备阶段，即对料场、供应商进行资质审查，严把材料入场关，并在施工过程中加强材料抽检频次，确保材料质量持续稳定。对于施工生产中的拌和楼冷料仓、热料仓，要做好防雨防尘措施，并根据生产需求，合理控制堆存量，避免料源堵塞或断料风险。此外，还应重视设备油品的质量管理，及时更换润滑油脂，做好现场实验耗材的补充工作。

3.机械设备管理

热再生施工需要配置大量专业设备，主要包括热再生设备、摊铺机、压路机、运料车、洒布车、料斗车等。设备的性能和状态直接关系到施工效率和路面质量。本工程在施工准备阶段，组织专人对进场设备进行了细致检查和首件鉴定，重点检查和标定了热再生设备的加热温度、铣刨深度、外加料比例等关键参数，确保其满足设计要求。同时，加强了设备日常维护保养，定期清洗、润滑设备零部件，发现磨损或故障及时修复。针对热再生设备的特点，还储备了足量的易损件，配备了专业维修人员，最大限度地降低了施工时的设备故障率。

4.人员组织管理

热再生施工是一项专业性很强的工程，不仅需要熟练的专业技术工人，还需要经验丰富的管理人员。本工程采取业主负责制，优选有丰富热再生工程经验的施工队伍，组建了一支高素质的管理团队和操作队伍，并聘请国内外热再生专家进行技术指导。在人员配置上，设置了项目经理、技术负责人、质量管理员、设备管理员、材料管理员、试验室主任等岗位，明确分工、落实责任。在人员培训上，采取“走出去、请进来”的方式，一方面选派骨干人员外出学习先进工艺，另一方面邀请专家来现场手把手传授技术。同时，还编制了岗位操作规程手册，利用班前会、安全学习日等形式，加强全员质量教育和安全教育，激发员工参与热再生工程建设的积极性。

综上所述，本应用案例通过对某高速公路实施沥青混合料现场热再生技术改造，有效解决了旧路面的病害问题，恢复并提升了路面的耐久性和使用性能。施工过程中，采用“热再生+局部补强+防滑处治”的组合工艺，针对不同类型路段，量身定制了再生与养护措施。管理方面，加强了原材料质量控制，优化了配合比设计，规范了施工操作工艺，构建了完善的质量管理和效益评估体系。该案例充分体现了热再生技术的工程适用性和推广价值，为同类工程提供了可资借鉴的实践经验。未来，热再生技术还需进一步研究创新，在材料设计、设备工艺、检测评价等方面实现优化升级，最终成为公路养护工程实现减量化、再利用、高质量发展的重要抓手。

第二节 现场热再生施工过程

沥青路面现场热再生施工是一个系统工程，涉及施工准备、就地热再生、缝隙处置、质量检测等多个环节。各环节间相互影响、紧密衔接，需统筹协调、精心组织，严把工序质量关，强化过程控制，才能确保再生沥青混合料性能和施工质量满足设计和规范要求。本节将以某高速公路热再生工程为例，详细介绍现场热再生的施工过程及其质量控制要点。

（一）施工准备

施工准备是现场热再生顺利实施的前提和基础，应提前做好技术准备、材料准备、设备准备、现场准备等工作。

1.技术准备

（1）施工图设计交底：施工单位接收设计文件后，应及时组织有关人员进行图纸会审，重点核对工程量清单、技术要求、尺寸标高等内容，发现问题及时向设计单位提出，形成一致意见。

（2）专项施工方案编制：根据施工图设计文件和技术交底，并结合现场实际情况，施工单位应编制完整、可行的热再生专项施工方案，包括施工工艺流程、质量控制措施、应急预案等内容，经专家论证后实施。

（3）测量放样：利用经纬仪、水准仪、全站仪等测量仪器，对施工路段进行测量控制，并用白灰标出热再生面层的范围和厚度，以及纵横坡度、平曲线等关键技术参数，确保施工定位准确。

（4）技术培训与交底：采取会议讲解、现场示范等方式，对施工人员进行热再生专项技术培训，使其掌握施工工艺要点、质量标准、安全注意事项等，增强操作技能和质量意识。

2.材料准备

（1）新集料供应：按照施工用量计划，与集料供应商提前对接，做好进场时间、运输方式、堆放场地等衔接工作。进场集料应提供合格的质保书，并留存样品，确保规格、级配、强度等指标满足要求。

（2）新沥青供应：选用优质道路石油沥青。沥青进场时应复验针入度、软化点、延度等关键性能指标，对不合格沥青应清退或剔除，并妥善保存合格证明文件。

（3）再生剂供应：本工程采用普通再生剂 R70，其技术性能应符合现行标准要求。为确保再生剂掺量准确，应由专人负责计量和添加，并定期送检，出厂时提供质量证明文件。

（4）辅料及其他：包括乳化沥青、粉料、纤维、防黏隔离剂等，均应选用优质产品，进场时查验合格证，确保质量可靠，并合理安排供应时间，避免囤积和污染。

3.设备准备

（1）自行式热再生设备：本工程采用 Wirtgen KMA220 自行式热再生设备，设备进场后，应全面检修加热、铣刨、输送、筛分、搅拌等主要部件，确认其性能满足施工要求，并办理特种设备使用登记手续。

（2）摊铺碾压设备：包括 VogeleSuper1800-2 履带式摊铺机、HammHD140 双钢轮压路机、HammGRW280 轮胎压路机等，设备进场后，应检查其技术状况、安全防护措施等，确保工况良好，并配备足够的备件。

（3）运输车辆：采用自卸式保温运料车，车厢内衬保温层，顶部加盖保温毡，确保混合料温降≤10 ℃。运输车辆应定期维护，严禁带“病”作业；装料前应涂刷隔离剂，清理杂物，检查密闭性。

（4）其他设备：包括发电机组、空压机、加热器、料仓、实验仪器等，均应提前调试到位，满足热再生施工需要。对于自备的沥青再生剂添加系统，应重点检查计量泵、管路阀门、喷洒装置等，确保计量准确、喷洒均匀。

4.现场准备

（1）交通导改：根据施工组织设计和交通管制方案，提前做好施工路段的交通导改，设置警示标志和交通防护设施，划定安全作业区，确保公众和施工人员安全。

（2）现场清理：对施工路段进行全面清扫，清除杂物、淤泥等。使用切缝机切除路缘石，并在热再生宽度两侧各预留 10 cm 搭接量。对基层局部破损、起砂、空鼓等病害进行修补，为热再生创造条件。

（3）降温除尘：对于环境温度较高（如＞35℃）、风速较大（如＞5 m/s）的施工路段，应适当降低施工速度，避开高温时段，并视情采取洒水降温、覆盖防尘网等措施。施工期间，还应配备移动式除尘车，减少扬尘污染。

（4）开工条件检查：对照专项施工方案，全面检查技术准备、材料准备、机具准备、现场准备等开工条件，对存在的问题及时整改到位，经工地试验室、监理工程师检查合格后，方可开工。

（二）就地热再生

就地热再生是利用自行式再生设备，通过“就地加热→铣刨→筛分→掺料→拌和→摊铺”等一系列工序，将旧沥青路面直接再生为新的沥青混凝土面层的施工过程。本工程就地热再生的具体做法如下：

1.预热铣刨

利用 Wirtgen KMA220 自行式再生设备的红外线加热系统，对拟铣刨路面进行预热，加热温度控制在 120~140 ℃。为减少温度梯度，避免烟气污染，应采用间歇式低温加热，即每加热 5~6 min，间歇 5~10 min，反复多次，直至旧沥青全层软化为止。加热时，应对相邻车道采取隔热防护措施，避免结构受损。

当旧沥青面层软化后，利用设备自带的 2 m 宽铣刨辊，对加热路面进行铣刨，铣刨深度控制在 5~7 cm。铣刨过程要与加热保持同步，并连续均匀进行，严禁反铲乱挖。铣刨下来的旧料由设备输送系统运至筛分单元，并初步筛除超尺寸颗粒。

2.拌和摊铺

铣刨下来的热料进入搅拌舱后，与设备料仓内的新集料（约占 30%）、新沥青（约占 4%）、再生剂（添加量 3%）等按比例投料，并充分搅拌均匀，搅拌时间不少于 90 s，出料温度控制在 145~165 ℃。

拌和完成的再生沥青混合料，经摊铺板直接摊铺在铣刨路面上，摊铺温度不低于 135 ℃。摊铺过程要保证均匀连续、无离析、无粗料外露，并及时进行人工整形。两机摊铺接缝处理要细致，并撒布适量石屑或砂子，防止黏轮。摊铺层厚度控制在 4~5 cm，横坡满足 1.5%~2% 的设计要求。为确保摊铺质量，施工速度不宜超过 3 m/min。

3.预压找平

摊铺结束后，趁热（不低于 125 ℃）采用 HammHD140 双钢轮压路机进行预压，预压

1~2 遍，碾压速度 1.5~2 km/h，将混合料粗平整。同时配备 2~3 名人工辅助找平，及时修整局部高低不平处，清除表面杂物，确保整体平整。预压要与摊铺保持同步，避免温度散失和黏轮。

4.二次碾压

待混合料温度降至 110 ℃左右，采用 HammHD140 双钢轮压路机进行二次碾压。二压 4~6 遍，碾压速度 2~3 km/h，直到无明显轮迹、表面平整密实为止。注意检查纵横坡度和厚度，发现偏差及时调整。二压过程要与找平同步，接缝部位双倍碾压。为防止黏轮，可在钢轮外喷洒隔离剂。

5.终压封层

混合料温度进一步降至 85 ℃以下时，采用 HammGRW280 轮胎压路机进行终压。终压 2~4 遍，碾压速度 3~4 km/h，以消除轮迹、形成平整密实的再生面层。终压结束后，及时在再生层表面均匀撒布 0.6~1 kg/m^2 预拌碎石封层料，并用压路机碾压嵌入，起到防水、防裂、防滑等作用。

（三）缝隙处治

由于就地热再生宽度受限（通常为 2~3 m），因此实际施工过程中，不可避免地存在若干纵向缝隙，需要及时进行接缝密实、防水等处治，以免日后产生早期病害。

1.纵缝碾压

对于相邻两幅热再生层的纵向接缝，应在终压后进行重点碾压密实处理。一般采用 HammHD140 双钢轮压路机，对接缝范围进行往复碾压 3~5 遍，直至密实平整。接缝两侧应均匀撒布适量预拌碎石，防止黏轮。

2.纵缝封闭

在纵缝密实的基础上，应及时采取封缝防水措施。本工程拟对纵缝缝隙进行热沥青灌缝处理，即采用专用灌缝机，在缝隙内注入 165~180 ℃的热沥青灌缝料，灌缝宽度约 1 cm，灌缝高度应略低于路面，不得高出或外溢。灌缝结束后，可酌情撒布细砂，吸收多余沥青，并轻压密实。

3.横缝衔接

本工程日摊铺作业面积控制在 3 000~5 000 m^2，铺装结束时，采用人工切齐、整平等方式处理横向施工缝。第二天施工衔接时，应将冷却的旧横缝切除 5~8 cm，并用热沥青填平，然后再进行加热铣刨，确保纵向施工连续。

（四）质量检测

为及时掌控施工质量动态，指导工艺优化，本工程在施工过程中，应重点做好原材料抽检、混合料检测、成品质量检验等方面的质量检测工作。

1.原材料检测

施工期间，应按照表 5-2 所示的频率和项目，对进场的原材料进行抽样检测，并详细填写原材料质量证明文件。检测项目除表中所列外，还应包括外观质量、规格型号、包装标识等内容。检测结果应符合设计和规范要求，不合格品严禁使用。

表 5-2 原材料进场检测要求

材料名称	检测项目	最低检测频率
新集料	压碎值	2 000 t 一组
	针片状含量	1 000 t 一组
	吸水率	2 000 t 一组
	粗集料级配	1 000 t 一组
	细集料级配	500 t 一组
新沥青	针入度	200 t 一组
	软化点	200 t 一组
	延度	500 t 一组
	黏度	500 t 一组
再生剂	黏度	10 t 一组
	闪点	10 t 一组
	密度	20 t 一组

2.混合料检测

施工期间，应按照表 5-3 所示的频率和项目，对再生沥青混合料进行抽样检测，并详细填写混合料质量检测记录。检测项目除表中所列外，还应包括混合料温度、外观质量等内容。检测结果应符合专项施工方案设计要求，不合格混合料严禁摊铺。

表 5-3 混合料施工检测要求

检测项目	最低检测频率
级配	500 t 一组
油石比	500 t 一组
马歇尔稳定度	1 000 t 一组
理论最大相对密度	2 000 t 一组

3.施工质量检测

热再生施工过程中，对于已摊铺碾压成型的再生面层，应按照表 5-4 所示的频率和项目进行质量抽检，并详细填写施工质量检测记录。检测部位应随机确定，检测数据应客观真实。当发现不合格指标时，应及时查明原因，采取相应措施进行处置或返工，并复核检测。

表 5-4 再生面层施工质量检测要求

检测项目	规定值或允许偏差	最低检测频率
厚度	±5 mm	2 000 m^2 一点

续表

检测项目	规定值或允许偏差	最低检测频率
压实度	≥98%	2 000 m² 一点
平整度	≤3 mm	1 000 m²/车道一点
构造深度	≥0.55 mm（高速公路）	2 000 m² 一点
	≥0.45 mm（国省干线）	
横坡	1.5%~2%	500 m/车道一点
纵坡	与设计值偏差≤±0.1%	500 m/车道一点
平曲线	符合设计位置和曲线形状	对照设计图检查

（五）交通开放

经检测和自检，再生面层各项质量指标全部合格后，方可进入交通开放阶段，但应做好前期交通组织和路面养护工作，避免早期损坏。

1.交通导改

交通开放前，施工单位应与交警部门协调，拆除原有的施工标志和防护设施，重新设置交通标线、指示牌等，引导车辆分流、减速通行，并设专人指挥。交通恢复初期应控制车速在 20 km/h 以内，待再生层完全冷却并具备一定强度后，再逐步放开车速。

2.初期养护

为提高再生面层与下层的黏结性能，可在两者之间涂刷一层改性沥青黏层油，用量 0.4~0.6 kg/m²，并撒布 0.5~1 kg/m² 的中粗砂，起到防水、防脱黏的作用。同时，在后期碾压时应注意对黏层砂的碾压密实。

再生层与旧路面衔接处如有台阶、裂缝等缺陷，应及时进行修补密封，避免产生破碎、唧浆、啃边等早期病害。同时，还应加强再生路面的清扫保洁工作，定期进行路况普查，发现问题及时处置，并做好养护记录。

综上所述，沥青路面就地热再生施工涉及诸多工序环节，各环节之间工艺复杂、规范严格、协调关键，务必严把质量关，加强过程控制，确保施工“热态推进”、连续作业，创造一个稳定可控的施工环境。在此基础上，充分利用专用设备和新型材料的优势，强化混合料生产、摊铺碾压等关键工序的精细化管理，从材料级配、温度、厚度、压实度等方面入手，优化工艺参数，提高再生沥青混合料和施工成型质量，形成一套科学规范的热再生施工质量保障体系。同时，积极采用智能化装备、信息化手段，实现施工过程的可视化监控、数字化管理，提高现场快速检测和响应能力。只有在科学规范施工、创新完善工艺的基础上，才能充分发挥热再生技术的路用性能优势和资源环境效益，最终实现再生路面质量、使用寿命与常规新建路面等同，并为同类工程提供可资借鉴的施工经验，推动热再生技术在公路工程领域的规模化应用。

第六章　沥青混合料现场热再生经济效益分析

第一节　经济效益的概念与计算方式

经济效益作为工程项目的一项基本经济属性，其本质上反映了人类通过劳动创造财富的结果，体现了投入要素的价值增值和再生产能力。具体到公路养护工程领域，经济效益则是指通过实施道路养护措施，所产生的各种经济价值，包括降低养护成本、节约资源能源、减少交通干扰、延长服役寿命、提升通行品质等有形或无形的价值创造。对公路养护项目经济效益的科学评估，能够全面反映不同技术方案的投入产出情况，为优化养护对策、合理配置资源要素提供重要依据。而随着我国交通事业的快速发展和社会主义市场经济体制的不断完善，采用先进养护技术提高效率、创造效益，成为新时期公路管理部门和施工企业的核心诉求。沥青路面现场热再生作为一种新兴的预防性养护技术，因其独特的路用性能优势和资源节约效应，已成为近年来公路沥青路面养护的研究热点和应用重点。开展热再生工程的经济效益评价，对于科学认识该项技术的投资价值，优化推广实施方案，把握工程实施效果，具有十分重要的理论与实践意义。

（一）经济效益的内涵与外延

经济效益是人类一切经济活动的核心目标，蕴含了创造财富、节约资源、满足需求等多重内涵。公路养护工程作为一项复杂的系统工程，其经济效益亦是多方面、多层次、多阶段的综合体现。

1.经济效益的内涵

经济效益的内涵可以从资源配置效率、产出物使用价值、货币量化指标等不同角度来把握。

从资源配置效率看，经济效益反映了在一定技术经济条件下，生产要素组合的最优化程度。如公路养护工程中合理利用资金、材料、设备、技术等各种要素，能够提高养护生产率，降低工程成本，体现了较高的经济效益。

从产出物使用价值看，经济效益体现了养护工程的最终产品或服务的有用性和满意度。如通过养护提升路况质量、改善通行条件、降低车辆运行成本等，均是公路使用价值的直接体现，代表了良好的经济效益。

从货币量化指标看，经济效益可用投资收益率、成本效益比、净现值等财务评价指标来衡量。这类指标能将养护工程复杂的要素投入和使用价值转化为可计算的货币量，是经济效益最直观、最通用的表现形式。

2.经济效益的分类

经济效益可以按照评价对象、评价内容、评价阶段等不同标准进行分类。

按评价对象分，可分为工程经济效益、社会经济效益、环境经济效益等。其中，工程经济效益指养护工程自身的成本效益，社会经济效益指养护工程对所在区域经济发展的贡献，环境经济效益指养护工程对生态环境的影响及其货币量化。

按评价内容分，可分为直接经济效益、间接经济效益。前者如降低工程费用、节约养护成本等，后者如减少车辆磨损、改善货运效率、带动相关产业等。

按评价阶段分，可分为事前效益估算、事中效益控制、事后效益核算。事前估算为工程决策提供依据，事中控制对偏差进行动态纠偏，事后核算对工程效果进行全面总结。

3.经济效益的特征

与一般经济活动相比，公路养护工程的经济效益具有一定的特殊性：

（1）效益的滞后性。公路使用价值的提升具有一定滞后期，往往需经历一段时间的运营考验才能充分显现。

（2）效益的动态性。公路服役环境和通行需求均处于不断变化之中，养护工程的经济效益也随之呈现动态演变特点。

（3）效益的综合性。公路建设和运营是一个涉及多行业、多部门的复杂过程，养护工程的经济效益不仅局限于路域本身，还与区域经济社会发展相互交织。

（4）效益的外部性。公路具有准公共产品属性，养护工程的效益很大一部分体现为正外部性，难以完全内部化为理性的市场价格。

（二）经济效益的计算方法

经济效益作为养护工程的重要评价指标，其计算需遵循一定的基本原则、基本程序和具体方法。

1.计算原则

为科学评估现场热再生工程的经济效益，应坚持以下基本计算原则：

（1）客观公正原则

要如实反映热再生工程的投入产出关系，不夸大、不缩小效益水平，既要看到先进技术的优势所在，也要直面存在的局限和风险，做到实事求是、客观公正。

（2）全面系统原则

经济效益的内涵丰富，外延宽泛，不能简单化约为养护成本节约，而应将工程直接效益和间接效益、正效益和负效益等全面纳入考量体系，综合评判、系统分析。

（3）动态评价原则

养护工程的效益在时间尺度上呈现动态演进特征，需结合路况发展、交通需求、效益实现进程等因素，评估不同时点的效益状况，把握全寿命周期的效益趋势。

（4）成本收益对称原则

经济效益的实质在于成本和收益的对比权衡，计算时既要核算显性和隐性成本，也要测度直接和间接收益，坚持成本、收益的对称统一，避免偏颇。

（5）货币时间价值原则

由于通货膨胀、资金占用等因素，不同时期的货币价值存在差异。计算养护工程全周期效益时，应采用适宜的贴现率，将各期金额折算成同一时点的现值。

（6）重要性原则

经济效益的影响因素错综复杂，在实际计算中，应根据“二八”法则，突出分析关键性、决定性因素，化繁为简、化难为易，提高计算的针对性和可操作性。

2.计算程序

现场热再生工程经济效益的测算，可分为确定评价对象、设定评价场景、搜集基础数据、选择计算模型、货币化量化分析、综合评判效益等基本步骤。

（1）确定评价对象

界定开展经济性评价的热再生工程项目，明晰其实施范围、设计方案、施工工艺等基本情况，为后续分析设定明确的空间边界和内容边界。

（2）设定评价场景

在工程应用场景的基础上，结合未来路况发展、车流量变化进行情景设定，构建完整的系统仿真模型，包括有无工程、工程前后等对比情景。

（3）搜集基础数据

全面收集工程设计、施工、材料、设备、人员等方面的成本参数，交通流量、车型构成、行驶速度等运营参数，以及效益相关的其他社会经济数据。

（4）选择计算模型

针对热再生工程的技术经济特点，选用适宜的效益计算模型。较为常用的有费用效益分析、生命周期费用分析、净年值法、内部收益率法等。

（5）货币化量化分析

在评价场景和计算模型框架下，对工程全寿命期内的成本和收益进行逐项量化和货币化处理，采用统一的计量单位，为比选分析提供基础。

（6）综合评判效益

对工程各项成本和效益在时间和空间尺度进行汇总，计算关键财务指标如投资回收期、净现值、获利指数等，据此对工程的整体经济效益作出评判。

通过上述计算程序，现场热再生工程的投入和产出将在统一的度量框架下实现内在联系，有助于客观评价工程经济性、优化设计方案、控制实施风险。但需注意的是，由于公路养护涉及众多不确定因素，经济效益往往只能估算而难以精确计算，应辅以必要的敏感性分析和风险评估，动态反映不同决策参数下的效益变化，增强评价结果的科学性和可靠性。

3.常用计算方法

针对现场热再生工程经济性评价的需求，国内外学者提出了多种计算模型和方法，较为成熟和实用的主要有：

（1）生命周期法

生命周期法（LCCA）是评价方法的国际通行做法。该方法立足工程全寿命期内成本的动态分析，通过折现率将各期发生的建设费用、养护费用、运营费用等折算为基年现值，并进行方案比选，以求总费用最小化的最优化决策。计算公式如下：

$$NPV=\sum_{t=0}^{n}\frac{C_t}{(1+r)^t} \tag{6-1}$$

式中：NPV 为总成本现值；C_t为第 t 年发生的各项成本费用；r 为贴现率；n 为分析期限。

生命周期法的独特优势在于前瞻性地考虑了工程实施的“摇篮到坟墓”成本，并采用货币时间价值修正，能动态反映不同工程方案的长期投资价值，但在实际应用中对于间接成本和使用者成本的估算较为困难。

（2）费用效益分析法

费用效益分析法（CBA）是通过将工程项目产生的所有费用和收益进行货币量化，评价项目可行性和经济合理性的方法。与生命周期法侧重成本测度不同，CBA 在成本核算的同时，更强调效益的货币化表达，因而对效益外部化严重的公共工程评价更为适用。其计算公式为：

$$NPV=\sum_{t=0}^{n}\frac{B_t-C_t}{(1+r)^t} \tag{6-2}$$

式中：NPV 为净现值；B_t为第 t 年的工程效益；C_t为第 t 年的工程成本；r 为贴现率；n 为分析期限。

CBA 通过比较全周期的费用和收益流，判断 NPV 的正负值，进而评估项目的可行性。一般认为，当 NPV 大于 0 时，工程效益大于成本，值得实施；当 NPV 小于 0 时，工程成本大于效益，不具经济性。但 CBA 的关键在于效益的准确预测和量化，而现阶段针对路面使用性能提升、交通改善效益等方面尚缺乏成熟的测算体系。

（3）净年值法

净年值法（EUAC）是在生命周期成本分析法基础上发展而来的简化评价方法。该方法对各备选方案的全周期净现值，按一定的资本回收系数均摊到各分析年度，将净现值转化为等额年金，便于不同使用年限方案的比较。其计算公式为：

$$EUAC = NPV \cdot \frac{r(1+r)^n}{(1+r)^n-1} \tag{6-3}$$

式中：$EUAC$ 为等效统一年成本；NPV 为总成本现值；r 为贴现率；n 为分析期限。

在实际应用中，可先采用 LCCA 法计算各方案总成本现值，再运用净年值法折算年均成本。$EUAC$ 值最小的方案，即为经济性最优的推荐方案。净年值法避免了对未来收益的估算，计算简便，但也可能忽略了工程运营期的动态变化。

（4）内部收益率法

内部收益率法（IRR）是通过求解项目净现值等于零时的折现率，判定项目可行性的方法。其计算公式为：

$$\sum_{t=0}^{n} \frac{CI_t-CO_t}{(1+IRR)^t} = 0 \tag{6-4}$$

式中：CI_t为第 t 年的现金流入；CO_t为第 t 年的现金流出；IRR 为内部收益率；n 为分析期限。

当内部收益率大于基准收益率（如银行存款利率）时，认为项目可行；当内部收益率小于基准收益率时，则项目不可行。一般而言，IRR 与 NPV 对项目可行性的判定是一致的，但对于非常规现金流量项目，两者可能存在背离，此时应以 NPV 为准。

除上述几种主要方法外，尚有效益成本比法、投资回收期法等可资采用。实践中宜根据现场热再生工程的规模、工况、数据可得性等，灵活选用不同方法，并在关键参数上做敏感性分析，以期对项目效益作出客观评判。同时，对于涉及效益货币化困难的指标，如减排、安全等，还可采用层次分析、德尔菲、效用函数等非货币量化手段，对定性判断予以定量化处理。

（三）经济效益评价的主要内容

作为一项系统工程，现场热再生工程的经济效益评价应全面考虑工程实施带来的直接效益和间接效益。直接效益主要包含工程自身的成本节约和性能改善，间接效益则涉及交通运营、环境影响、社会发展等诸多外部性领域。以下就主要的效益评价内容作简要阐述。

1.直接工程效益

（1）材料成本节约

现场热再生技术的显著优势在于充分利用旧路面 RAP 材料，可大幅降低新材料投入。一般情况下，热再生沥青混合料中 RAP 掺量可达 60%以上，可节约新集料用量 50%左右，新沥青用量 70%以上，综合材料成本可较常规罩面降低 40%以上。

（2）施工费用节约

与铣刨重铺等常规罩面工艺相比，现场热再生工艺流程更为精简，资源投入强度更低。同等路况条件下，热再生施工费用可降低 30%~50%。且由于耗材和机械台班减少，人工费用也有一定节约，综合效益更为明显。

（3）养护周期延长

通过热再生处治，路面早期轻微病害可得到及时修复，结构内部裂缝和空隙也被充分黏结、填充，路面整体强度和使用性能大幅提升，养护周期可延长 3~5 年，相应降低了全寿命养护频率和费用。

（4）路用性能改善

热再生处治可迅速恢复路面的平整、防滑、舒适等路用性能，其路况质量水平可与常规罩面媲美。以平整度为例，热再生可使公路沥青路面的国际平整度指数降至 1.2 以下，道路质量指数升至 8.5 以上，达到新建路面的水平，运营期内也能长期保持良好的服役功能，在改善通行、保障安全方面效益显著。

2.交通运营效益

（1）车辆运行费用降低

热再生路面平整度好、路况质量高，可降低车辆的燃料消耗、轮胎磨损、机械损耗等，从而减少车辆运行综合费用。有学者通过模型测算，热再生路面可使汽车百千米综合运行费用降低 5%~8%，大型货车降幅更可达 10%以上。

（2）通行能力提高

热再生路面的高路况水平，可显著改善车辆通行环境，在舒适性、安全性提升的同时，还能提高车速，缩短行程时间，从而在相同交通量下提高通行能力。据统计，热再生后的路段通行能力可提高 10%~20%，高峰时段尤为明显。

（3）货运效率提升

热再生路面的高服务水平，能改善区域物流运输环境，保障货运车辆安全、快捷通行，特别是对农产品、生鲜等时效性要求高的货品运输，热再生路面可大幅压缩货损率和时间成本，显著提升货运效率，降低社会物流成本。

3.社会环境效益

（1）节能减排效益

热再生技术的资源节约优势明显。与常规罩面相比，热再生材料总用量可降低 30%左右，有效节约了原材料开采、生产、运输等环节的能耗；现场就地施工还可减少50%左右的运输用油。另外，热再生对材料的加热温度要求较低，可减少30%左右的燃料消耗。

（2）循环利用效益

热再生技术开创了旧路面材料“原位再利用”的先河。传统罩面工艺中，铣刨下来的旧料往往被简单废弃或低值化利用，而热再生可使60%以上的旧料重新焕发使用价值，最大限度地实现了旧路面“变废为宝”，走出了一条材料永续利用的可持续发展之路。

（3）交通干扰减少

热再生施工更加精简高效，可大幅压缩工期，减少对交通正常通行的影响时间。以单幅双车道20 km路段为例，采用热再生施工工期可较常规罩面工艺缩短30%以上，相应减少了施工期间交通管制导致的车辆绕行、怠速等额外时间成本和油耗。

（4）带动相关产业

热再生技术的推广应用，可有力拉动与其配套的再生材料、专用设备、检测评价等相关产业链的发展。据统计，热再生项目实施可带动上下游相关产值提高20%~30%，进而创造更多就业机会，更好地服务于地方经济建设。

应当看到，现场热再生工程的效益不应仅仅局限在直接的养护成本节约、周期延长上，其更大的经济价值在于从全局视角实现了道路功能的提升换代，产生了深远的交通运输、环境保护、产业升级等外部经济效益。将工程实施内外部效应有机统一起来进行评判，是准确认知热再生技术经济价值的应有之义。因此，在开展现场热再生经济性评价时，在重视工程自身投入产出核算的基础上，还要将间接效益纳入分析范畴，并在成本、收益测算上给予充分的数据支撑和模型分析，力求全面客观地评价热再生工程的经济效益水平。

（四）经济效益评价的重要意义

广泛开展现场热再生工程经济性评价具有多方面的重要作用，主要体现在以下几个方面：

1.为工程决策提供依据

现场热再生技术路用性能优势突出，但其经济合理性、成本效益情况是业主考虑采用该技术的关键因素。通过对比分析不同养护方案全寿命周期成本，权衡热再生工艺的投入产出效益，可为业主选择经济最优方案提供直接依据，降低工程实施风险。

2.为设计优化提供参考

热再生工程涉及技术参数众多，方案设计对其经济性影响重大。通过敏感性分析评价各设计参数与工程效益的关联度，筛选识别对效益影响较大的关键参数，可指导设计人员优选各项参数，在确保性能的同时兼顾经济性需求。

3.为过程控制提供抓手

将经济性评价延伸至施工过程控制，对人、机、料、法等要素实施精细化成本管理，严格把控质量薄弱环节，查找影响效益的潜在风险因素，可为施工单位实现成本节约、效率提升、效益最大化目标提供可量化的抓手。

4.为推广应用提供支撑

现阶段制约热再生技术大范围推广的一个客观障碍，在于缺乏有说服力的经济效益数据支撑。系统开展热再生工程经济评价，建立覆盖效益全过程、全要素的数据信息库和案例库，可为宏观决策部门制定产业扶持、税费优惠等激励政策提供科学依据，为热再生技术的规模化应用提供有力支撑。

5.为创新完善提供动力

在经济效益评价中暴露出的薄弱环节，恰恰是热再生技术创新的着力点所在。找准在材料优化、设备改进、工艺提升等方面制约工程效益的痛点、难点，可为科研单位聚焦核心技术攻关指明方向，倒逼行业加快科技创新步伐，不断完善热再生技术体系。

综上所述，经济效益作为现场热再生工程的主要决策依据和评价指标，其内涵丰富、外延宽广，不仅反映工程自身投入产出关系，更折射出交通、环境、产业等广泛的社会经济效应。开展经济性评价应坚持客观公正、系统全面的原则，遵循规范的计算程序和方法，围绕直接效益和间接效益进行系统测度和权衡，在效益货币化、数据资料采集等方面给予必要的技术支持和制度保障，努力构建行之有效的热再生工程经济评价体系。只有站在项目全寿命周期的高度来认知热再生效益，坚持走多部门协同、多层面融合的效益评价之路，才能真正发挥经济效益评价在工程决策、设计优化、过程控制、推广应用、创新完善等方面的支撑和引领作用，为热再生技术的工程化、产业化、规模化发展提供强大助力，推动公路养护管理实现高质量、可持续发展。

第二节　现场热再生项目的成本效益分析

成本效益分析是对工程项目经济合理性与可行性的重要评价手段。通过将现场热再生工程的全寿命周期成本和收益进行系统测算和权衡，可以准确评估其投资价值和经济效果。以下以第五章介绍的山东某高速公路热再生工程为例，从项目基本情况、评价基础参数、成本测算、效益测算、评价指标等方面，详细阐述现场热再生的成本效益分析过程。

（一）项目基本情况

项目路段位于山东省某高速公路，路线全长 28.5 km，双向四车道，设计速度 120 km/h，

2001 年建成通车。经过近 20 年运营，路面病害发展十分严重，路况质量急需提升。为有效治理病害、恢复路况、延长寿命，项目采用新一代清洁高效的现场热再生技术对原路面进行处治，并结合部分路段病害的特点，在热再生的基础上实施局部罩面加铺。其中，热再生路段 19 km，罩面路段 9.5 km。

该项目的热再生工艺主要为：采用 Wirtgen KMA220 自行式热再生设备对旧路面进行“预热铣刨→筛分计量→掺料拌和→摊铺碾压”处理，再生深度 5~7 cm，掺配新料（沥青、集料）比例 30%左右，添加适量再生剂，现场拌和温度≥140 ℃。局部罩面工艺主要为：对热再生路面局部加铺 4 cm 厚 SMA-13 磨耗层，作为过渡使用。

（二）评价基础参数

成本效益分析的首要基础是建立完整规范的参数体系。本项目基于工程所在地的实际情况，并参考同类工程设计、施工、运营等资料数据，确定了成本效益测算所需的关键参数（表 6-1）。

表 6-1　项目成本效益评价基础参数表

参数名称	单位	数值	备注
折现率	%	8	按基准利率 1.2 倍计
计算期	年	15	按热再生路面使用寿命计
残值率	%	5	按固定资产残值率计
正常通行速度	km/h	100	设计速度 120，考虑实际影响
施工期通行速度	km/h	40	单幅双车道，限速施工
正常通行单位成本	元/(pcu·km)	1.5	燃料、折旧、时耗等费用
施工期通行单位成本	元/(pcu·km)	3.5	考虑绕行、延误等因素
基准年日均交通量	pcu/d	15 000	监测数据
交通量年增长率	%	5	近 5 年平均增长率
车千米收费标准	元/(pcu·km)	0.6	项目路段平均收费水平

（三）成本测算

现场热再生项目的全寿命期成本主要包括工程建设成本和运营养护成本两大类。

1.工程建设成本

工程建设成本是项目建设期发生的直接投资，主要包括现场热再生工程费用和局部罩面工程费用两部分。按照项目工程量清单、热再生单价、罩面单价进行估算，并参考类似项目工程决算资料进行校核，估算结果见表 6-2。

表 6-2　项目工程建设成本估算表

工程项目	单位	数量	单价/元	金额/万元	占总成本比例/%
现场热再生工程	m^2	247 000	75	1 852.50	81.6

续表

工程项目	单位	数量	单价/元	金额/万元	占总成本比例/%
局部罩面工程	m^2	66 500	95	631.75	18.4
合计	—	—	—	2 484.25	100

可以看出，现场热再生工程是建设成本的主要组成部分，约占总成本的82%，平均每平方米造价75元。相比之下，局部罩面工程量少、强度低，仅占总成本的18%左右，平均每平方米造价95元。需指出的是，现场热再生造价明显低于常规罩面水平，如果全线采用罩面，则总成本将高出20%以上。

2.运营养护成本

运营养护成本是项目运营期发生的后续投入，包括日常养护、中修、大修等周期性费用。参照项目所在省份高速公路养护定额，并考虑不同路面方案的病害发生规律，分阶段估算运营期养护费用，见表6-3。

表6-3　项目工程建设成本估算表

工程项目	单位	数量	单价/元	金额/万元	占总成本比例/%
现场热再生工程	m^2	247 000	75	1 852.50	81.6
局部罩面工程	m^2	66 500	95	631.75	18.4
合计	—	—	—	2 484.25	100.0

可以看出，热再生路段在运营期的养护费用明显低于罩面路段。主要原因在于，热再生路面基本不发生结构性病害，路况水平长期保持稳定，日常保洁和预防养护等费用较少。而罩面路段会在运营后期快速出现大量裂缝、车辙等病害，养护工作量和费用大幅增加。

（四）效益测算

现场热再生工程的收益主要体现在两个方面：一是通过延长路面使用寿命、提高路况质量水平，减少车辆营运成本，节约道路使用者成本；二是通过改善路面服务功能，提高通行能力和舒适性，吸引交通量提高通行费收入。下面分别进行定量测算。

1.节约车辆营运成本

车辆营运成本主要包括燃料、轮胎磨损、时间耗费等。参照世界银行HDM-III模型，分析热再生路面路况改善对车辆营运的影响，见表6-4。

表6-4　项目改善路况前后车辆营运成本比较

路况指标	单位	改善前	改善后	降幅/%
平均车速	km/h	53.00	95.00	—
燃料消耗	升/百千米	8.33	6.28	24.6
轮胎磨耗	毫米/百千米	0.62	0.37	40.3
平均耗时	小时/百千米	1.89	1.05	44.4

续表

路况指标	单位	改善前	改善后	降幅/%
车辆营运成本	元/(pcu·km)	3.12	2.06	34.0

可以看出，热再生显著改善了路面平整度、构造深度等路况指标，使平均车速大幅提高，燃料消耗、轮胎磨耗等明显降低，平均每车千米营运成本下降34%。

进一步考虑项目全寿命周期内的交通流量，对节约的车辆营运成本进行累计，计算公式为：

$$S=\sum_{i=1}^{n}\frac{Q_i\cdot L\cdot(\alpha_1-\alpha_2)\cdot D_i}{(1+r)^i} \tag{6-5}$$

式中：S为节约车辆营运成本现值；Q_i为第i年日均交通量；L为项目路段长度；α_1、α_2分别为改善前、后车辆营运单位成本；D_i为第i年的折算天数，取365天；r为折现率；n为计算期限。

代入相关参数计算，该项目15年累计可节约车辆营运成本23 843万元，年均节约1 589万元，效益十分显著。

2.增加通行费收入

路面维修改造后，一般会吸引更多车辆选择行驶，从而提高通行费收入。参照项目可研报告交通量预测，并结合车千米收费标准测算，计算公式为：

$$R=\sum_{i=1}^{n}\frac{Q_i'\cdot L\cdot\beta\cdot D_i}{(1+r)^i}-\sum_{i=1}^{n}\frac{Q_i\cdot L\cdot\beta\cdot D_i}{(1+r)^i} \tag{6-6}$$

式中：R为增加通行费收入现值；Q_i'为改造后第i年预测日交通量；Q_i为改造前第i年日均交通量；β为车千米收费标准；其余参数同前。

估算结果表明，热再生改造后15年期内，年均交通量增长率可从5%提高到7%，车千米收费不变情况下，项目累计新增通行费收入9 465万元，年均631万元。

（五）评价指标测算

在成本、效益现金流测算的基础上，可进一步核算各项评价指标，全面考察热再生项目的经济效益水平。主要包括费用效益比、净现值、内部收益率、投资回收期等。

1.费用效益比

费用效益比(CBR)是项目全寿命期内效益现值与成本现值的比值，反映项目投资的经济效率。计算公式如下：

$$CBR=\frac{\sum_{i=1}^{n}\frac{(S_i+R_i)}{(1+r)^i}}{\sum_{i=1}^{n}\frac{(C_i+M_i)}{(1+r)^i}} \tag{6-7}$$

式中：S_i、R_i分别为第i年的营运成本节约费用和通行费增加费用；C_i、M_i分别为第i

年的建设成本和运营养护成本；其余参数同前。

将本项目的年度成本、效益数据代入，经计算得到 *CBR*=4.68。即每投入 1 元，可产生 4.68 元的社会经济效益。远高于公路项目 1.5~2 的评价参考值。表明该热再生项目具有很高的投资价值。

2.净现值

净现值(NPV)是按基准收益率(即折现率)将各年净效益折算成基年价值后累加得到的动态指标，直观反映项目的投资盈利能力。计算公式如下：

$$NPV = \sum_{i=1}^{n} \frac{(S_i+R_i-C_i-M_i)}{(1+r)^i} \tag{6-8}$$

代入数据计算，该项目的净现值高达 10 857 万元，表明在 8%折现率水平下，项目仍有很高的盈利空间，经济效益十分可观。即使考虑风险因素，实际收益率降至 5%，项目净现值也可达 5 963 万元，抗风险能力很强。

3.内部收益率

内部收益率(IRR)是使项目净现值等于零时的折现率水平，反映项目的实际盈利能力。由于净现值随折现率呈单调递减关系，可用插值法求算 *IRR*，公式如下：

$$IRR = r_1 + \frac{NPV(r_1)}{NPV(r_1)-NPV(r_2)} \cdot (r_2 - r_1) \tag{6-9}$$

式中：r_1、r_2分别为低、高两个试算折现率；$NPV(r_1)$、$NPV(r_2)$分别为两个折现率对应的净现值。

通过调整折现率进行多次试算，发现当折现率为 24%和 25%时，所得净现值分别为 305.8 万元和−198.4 万元。由此确定两个基准利率，代入公式计算：

$$IRR = 24\% + \frac{305.8}{305.8-(-198.4)} \times (25\% - 24\%) = 24.61\% \tag{6-10}$$

可见，该项目的内部收益率高达 24.61%，远高于社会基准收益率 8%，也明显高于公路项目 12%~15%的平均盈利水平。因此从项目自身盈利能力看，现场热再生的投资风险很低，抗风险能力很强。

4.投资回收期

投资回收期是借助累计净现值曲线，确定累计净现值转正所需时间的方法，可灵敏反映投资的资金占用强度和项目的投资回收速度。

对本项目逐年累计净现值，发现第 5 年时累计净现值首次转正，达到 2 984 万元，且呈较快增长趋势。进一步精确核算，投资回收期为 4.57 年。相比常规罩面项目 6~8 年的回收期，热再生项目的投资回报速度要快 25%以上，资金占用强度小、资本周转效率高，具有明显的投资快速回收优势。

（六）敏感性分析

敏感性分析是通过改变评价参数来考察项目效益的稳定性，以发现影响效益的关键因素。分别就折现率、材料价格、工期、交通量增长率等进行敏感性测试，其中折现率选择5%~10%，材料价格上下浮动10%，工期延长1~3个月，交通量增长率降低1~2个百分点。

（1）折现率每增加1个百分点，净现值降低800万元左右，每降低1个百分点，净现值增加900万元左右，但变化幅度不及10%，影响不大。

（2）材料价格上下浮动10%，净现值变化幅度仅2%左右，影响较小。热再生材料用量省、造价低是重要原因。

（3）施工工期每延长1个月，净现值降低190万元左右，每延长3个月降幅也不到6%，影响有限。热再生工期短是关键优势。

（4）交通量年增长率每降低1个百分点，净现值降低1 200万元左右，降低2个百分点，降幅超过20%，相对而言影响最为显著。

综合分析表明，热再生项目受折现率、材料价格、工期等因素影响不大，经济效益比较稳定，但经济增长放缓、交通流量降低等因素会对其长期效益带来一定影响。总体而言，现场热再生技术凭借成本构成合理、工期工艺先进、路况改善显著等特点，造就了投资快速回收、抗风险能力强的经济效益优势，但要充分发挥其效益，还需加强宏观经济环境和路网交通流量的长期监测预警，必要时及时调整投资策略，化解市场风险。

（七）评价结论

通过详细测算和分析，得出如下评价结论：

（1）现场热再生技术较常规罩面工艺可节约工程建设成本18%，平均每平米节约20元。主要得益于热再生对旧料的充分利用、工艺流程的精简高效。

（2）得益于再生路面耐久性好、养护需求少，热再生路段改造后平均每年每平米的日常和中修费用可节约56%，且后期大修费用也明显减少。

（3）再生路面的路况改善效果显著，平均使车辆营运成本降低34%，车速提高79%。按15年计算期估算，项目可为社会节约车辆营运成本达2.38亿元。

（4）再生路面可吸引5%~8%的诱增交通量。在车千米收费标准不变情况下，项目15年累计新增通行费收入近9 500万元。

（5）现场热再生工程的投资效益评价指标较传统养护方式有明显优势，项目的费用效益比、财务净现值、内部收益率、投资回收期分别达到了4.68、10 857万元、24.61%、4.57年，投资效率高、资金占用少、投资回报快。

（6）项目的经济效益总体上比较稳健，受材料、工期等因素影响不大，但经济发展减速、交通流量降低会对长期效益水平带来一定负面影响，应引起重视。

上述分析表明，现场热再生技术较传统养护方式具有全方位的经济、社会、环境效益优势，凭借材料节约、循环利用、施工高效、路况改善、综合成本低等突出特点，可在更大时空尺度实现经济投入、使用功能、资源消耗的动态平衡，是践行交通基础设施绿色发展理念的重要抓手。此次热再生工程实践也为量化评估该项技术的投资效益、完善成本效益分析方法、优化工程实施方案提供了科学依据和数据支撑。未来，还应进一步强化热再生工程全过程管理，健全投资效益评价机制，加强与宏观政策、产业规划、环境管理等的衔接联动，加快构建热再生技术标准规范和效益评价指标体系，着力提升热再生的工程适用性、投资盈利性和可持续发展能力，在更大范围更高水平上发挥现场热再生的显著经济社会环境效益，推动公路养护事业高质量发展。

第七章　未来发展趋势与展望

第一节　技术创新与改进方向

沥青混合料现场热再生技术经过多年的研究和实践，已经取得了显著的进展。然而，为了进一步提高该技术的应用效果和推广范围，仍需在以下几个方面进行创新与改进：

（一）加热装置的优化

目前，沥青混合料现场热再生技术主要采用红外线加热和微波加热两种方式。这两种加热方式各有优缺点，如红外线加热的能量利用率较低，微波加热的均匀性有待提高等。未来需要在加热装置的设计和制造方面进行优化，提高加热效率和均匀性，降低能耗。可以考虑采用新型加热材料，如纳米材料、石墨烯等，提高加热装置的导热性和耐磨性。同时，可以研究开发智能化控制系统，根据混合料的温度和水分含量等参数，实时调节加热功率和时间，确保混合料的加热质量。

（二）再生剂的研发

再生剂是沥青混合料现场热再生技术的关键材料，其性能直接影响再生沥青混合料的路用性能。目前常用的再生剂主要包括植物油、废机油、重油等，虽然在一定程度上改善了再生沥青混合料的性能，但仍存在再生效果不稳定、与老化沥青相容性差等问题。未来需要加大再生剂的研发力度，开发新型高效再生剂。可以考虑从以下几个方面入手：

1.优化再生剂的组成和配比，提高再生剂与老化沥青的相容性和稳定性。

2.研究天然高分子材料在再生剂中的应用，如秸秆、橡胶等，充分利用废弃资源，提高再生剂的环保性。

3.开发功能型再生剂，如抗氧化再生剂、抗车辙再生剂等，针对性地改善再生沥青混合料的某些性能指标。

4.探索再生剂的多元化来源，如废塑料、废橡胶等，拓宽再生剂的原材料范围。

（三）施工工艺的改进

沥青混合料现场热再生施工工艺直接影响再生沥青混合料的质量和使用性能。目前该技术的施工工艺仍有改进空间，如沥青混合料的均匀性控制、施工温度的精确控制等。未来需要在施工工艺方面进行持续优化和创新，提高施工质量和效率。可以重点关注以下几个方面：

1.研究开发智能化摊铺设备，通过传感器和数据分析技术，实时监测混合料的温度、厚度等参数，实现精准摊铺。

2.优化混合料的搅拌方式，如采用双轴搅拌、立式搅拌等，提高混合料的均匀性和一致性。

3.改进碾压工艺，合理控制碾压温度和压实度，确保沥青混合料的密实度和强度。

4.加强质量检测手段，引入无损检测技术，如地质雷达、红外热像仪等，及时发现和处理施工缺陷。

（四）设备的智能化与信息化

随着信息技术的飞速发展，将智能化和信息化技术引入沥青混合料现场热再生设备，是未来的重要发展方向。通过物联网、大数据、人工智能等技术，可以实现设备的远程监控、故障诊断、性能优化等，提高设备的自动化水平和工作效率。同时，建立设备管理信息系统，对设备的使用情况、维护保养、能耗等数据进行采集和分析，为设备的科学管理和决策提供依据。

（五）标准规范的完善

完善的标准规范是推动沥青混合料现场热再生技术发展的重要保障。目前我国已经制定了相关的技术规程和指南，但在实际应用中仍存在一些不足，如指标体系不够完善、与国际标准衔接度低等。未来需要加快标准规范的制修订工作，建立科学合理、符合国情的标准体系。可以借鉴国外先进经验，同时结合我国的实际情况，制定适用于不同气候区、交通条件的技术标准。加强标准的宣贯和实施，强化质量监督和管理，促进沥青混合料现场热再生技术的规范化发展。

（六）产学研用协同创新

沥青混合料现场热再生技术涉及材料、设备、工艺等多个领域，需要产学研用各方的密切合作和协同创新。高校和科研院所要加强基础理论和应用技术研究，攻克关键核心技术；企业要积极开展技术创新和产业化应用，提高市场竞争力；工程领域要大胆应用新技术、新工艺，提供应用实践经验；政府部门要加强政策引导和支持，营造良好的创新环境。通过建立产学研用协同创新平台，促进技术、人才、资金等创新要素的深度融合，提升行业的整体创新能力。

总之，沥青混合料现场热再生技术要实现可持续发展，必须坚持创新驱动，紧跟行业发展趋势，加强关键核心技术攻关，优化提升施工工艺和设备水平，完善标准规范体系，促进产学研用紧密结合。只有不断创新和改进，才能推动沥青混合料现场热再生技术的工程化、产业化应用，为道路工程建设和养护事业作出更大贡献。

第二节 国际合作与交流前景

沥青混合料现场热再生技术作为一种绿色环保、经济高效的道路养护技术，已经引起了世界各国的广泛关注。随着经济全球化和交通一体化进程的不断加快，开展沥青混合料现场热再生技术领域的国际合作与交流，对于提升我国在该领域的技术水平和国际影响力具有重要意义。

（一）加强与发达国家的技术交流与合作

欧美等发达国家在沥青混合料现场热再生技术方面起步较早，积累了丰富的研究成果和实践经验，技术水平较为领先。我国要进一步缩小与发达国家在该领域的差距，需要加强与其技术交流与合作。一方面，可以派遣专家学者、工程技术人员等赴国外学习考察，了解国外的最新技术动态和发展趋势，学习借鉴其先进经验和成功做法。另一方面，可以邀请国外知名专家来华讲学、指导，开展联合研究项目，共同攻克现场热再生技术在材料、设备、工艺等方面的关键技术难题。

以美国为例，其在 20 世纪 90 年代就开始大规模应用沥青路面就地热再生技术，建立了较为完善的技术标准和规范，形成了配套的材料、设备、检测等产业链。我国可以与美国开展深度合作，通过互访交流、联合攻关等方式，学习借鉴美国在现场热再生技术方面的研究成果和工程经验，提升我国在该领域的科研创新和工程应用能力。

（二）积极参与国际标准的制定与修订

标准规范的不统一是制约沥青混合料现场热再生技术国际化应用的重要因素之一。目前，世界各国在现场热再生技术的材料、设备、工艺、检测等方面尚未形成统一的国际标准，不同国家、不同地区采用的技术标准和规范存在较大差异，影响了该技术的推广应用和国际交流。因此，积极参与现场热再生技术国际标准的制定和修订，对于提升我国在该领域的国际话语权和影响力具有重要战略意义。

我国应以主要国际组织为平台，以我国主导或参与制定的国际标准为抓手，加强与其他国家在标准领域的交流与合作。一方面，要积极参与国际标准化组织（ISO）、世界道路协会（PIARC）等国际组织的活动，通过提交技术报告、承办国际会议等方式，宣传我国在现场热再生技术方面的研究成果和实践经验，争取更多的国际话语权。另一方面，要加快推进现场热再生技术国际标准的制定和实施，力争主导或参与制定一批关键技术标准，引领国际标准的发展方向，为我国现场热再生技术和装备走向世界奠定基础。

（三）搭建国际交流合作平台，促进成果转化应用

搭建沥青混合料现场热再生技术国际交流合作平台，是深化国际交流、推动科技成果转化应用的重要举措。通过多种形式的交流合作活动，可以加强与国外相关机构和企业的联系，了解国外需求，宣传推介我国的先进技术和装备，拓展国际市场。同时，还可以吸引国外优势资源来华投资兴业，带动我国现场热再生技术产业链的发展，促进科技成果的转化应用。

在搭建国际交流合作平台方面，可以采取以下几种主要形式：一是举办国际性学术会议、技术交流会、装备展览会等，邀请国内外知名专家学者、企业家等参会，交流最新研究成果和实践经验，探讨行业发展趋势和合作机遇。二是建立现场热再生技术国际联合研究中心，吸引国外高层次人才来华工作，开展联合攻关，解决制约行业发展的关键共性技术问题。三是牵头组建现场热再生技术国际产学研用联盟，整合国内外产学研用资源，共同开拓国际工程市场，提升我国现场热再生技术和装备的国际竞争力。

（四）加大国际工程市场开拓力度，提升国际影响力

随着“一带一路”倡议的深入推进，我国与相关国家在基础设施互联互通等领域的合作日益密切，为沥青混合料现场热再生技术和装备走向国际市场提供了广阔的舞台。我国要抓住“一带一路”倡议的重要机遇，加大现场热再生技术和装备的出口和国际工程承包力度，提升我国在该领域的国际影响力和竞争力。

在开拓国际工程市场方面，可以重点采取以下措施：一是加强与“一带一路”沿线国家交通主管部门的沟通对接，宣传推介我国现场热再生技术和装备的先进性、经济性、环保性，争取更多的工程项目机会。二是鼓励和支持有实力的企业“走出去”，通过对外承包工程、设备出口、技术服务等方式，将我国先进的现场热再生技术和装备推广到国外市场。三是利用国际组织平台，积极参与国际道路工程项目的交流与合作，在与国外企业的竞争与合作中提升我国企业的国际化经营能力。

总之，沥青混合料现场热再生技术作为一项重要的绿色养护技术，实现其国际化发展是大势所趋、势在必行。我国要以更加开放包容的姿态，加强与世界各国在现场热再生技术领域的交流合作，在更高层次、更宽领域、更大范围内参与国际交流与合作。通过共享资源、优势互补、互利共赢，不断增强我国在现场热再生技术领域的国际影响力和竞争力，推动形成相关产业国际合作的新格局。同时，要立足国内，放眼世界，加快建设现场热再生技术领域的科技创新强国，为引领全球现场热再生技术的发展方向、推动全球交通基础设施建设和养护事业的进步贡献中国智慧和中国方案。

第三节　政策支持与行业标准化

沥青混合料现场热再生技术作为一项绿色环保、循环利用的道路养护技术，其推广应用离不开政府的政策支持和行业的标准化建设。只有建立健全相关政策法规和技术标准，形成推动现场热再生技术发展的长效机制，才能真正实现该项技术的规模化应用和可持续发展。

（一）加大政策支持力度，营造良好的发展环境

政府部门要高度重视沥青混合料现场热再生技术的战略地位和重要作用，将其作为推进交通运输行业绿色发展、建设生态文明的重要抓手，加大政策支持和引导力度，为现场热再生技术的推广应用营造良好的发展环境。

1.完善顶层设计，将现场热再生技术纳入国家相关战略规划

在国家节能减排、循环经济、生态文明建设等重大战略规划中，明确提出大力发展现场热再生技术，加快绿色养护技术的推广应用。在交通运输部、住房和城乡建设部的道路养护相关政策中，将现场热再生技术作为鼓励推广的重点技术予以重点支持。

2.加大资金投入，设立现场热再生技术研发和应用专项资金

中央和地方政府要加大现场热再生技术的资金投入力度，设立现场热再生技术研发与应用专项资金，重点支持现场热再生技术的科研攻关、示范工程、装备研制等。鼓励社会资本以多种方式参与现场热再生技术的推广应用，形成多元化、多渠道的投融资格局。

3.制定优惠政策，鼓励现场热再生技术的研发和应用

在税收、信贷、土地等方面制定优惠政策，鼓励企业加大对现场热再生技术的研发投入，加快科技成果转化步伐。在工程招投标中，将现场热再生技术作为优先选用的技术予以重点考虑。对采用现场热再生技术的养护工程给予一定的补贴或奖励，调动各方面的积极性。

4.开展示范推广，发挥示范工程的引领带动作用

在国省干线公路、高速公路等重点路段，开展现场热再生技术示范工程建设，发挥示范引领作用。总结推广示范工程的成功经验和做法，加快现场热再生技术的应用推广步伐。加大宣传力度，提高公众和业主的认知度和接受度，为现场热再生技术营造良好的社会氛围。

（二）加快标准规范建设，规范现场热再生技术的应用

标准规范是引领和规范现场热再生技术发展的重要依据，是确保工程质量和效益的重要保障。加快现场热再生技术标准规范的制定和修订，是推动现场热再生技术科学有序发展的客观要求。

1.建立健全标准规范体系

系统梳理现场热再生技术标准规范的现状和存在问题，构建由国家标准、行业标准、地

方标准等组成的标准规范体系，形成配套、衔接、协调的标准群。重点制定现场热再生技术的材料、设备、工艺、检测、验收等关键环节的技术标准，规范现场热再生技术的应用流程和施工要求。

2.加强标准制修订工作

围绕现场热再生技术发展的新需求、新问题，及时开展标准的制修订工作。鼓励科研院所、高等院校、企业等主体积极参与标准的起草和修订，充分吸收最新科研成果和实践经验。建立以行业主管部门为主导、科研机构和企业共同参与的标准协同创新机制，提高标准的科学性、先进性和适用性。

3.加大标准宣贯力度

加大现场热再生技术标准的宣传贯彻力度，通过培训、交流、咨询等多种形式，提高从业人员的标准意识和执行能力。将标准培训纳入从业人员教育培训体系，强化标准在工程实践中的应用。利用互联网、移动终端等新媒体手段，开发标准查询、学习、考核等应用，提高标准的普及率和应用水平。

4.强化标准实施监管

建立覆盖现场热再生技术全过程的质量监管体系，加大对现场热再生技术工程实施的监督检查力度，严格执行相关技术标准。建立第三方检测评估机制，定期开展标准实施情况的评估，及时发现和纠正标准执行中的偏差。对违反标准规定的行为，要严肃查处、公开曝光，维护标准的严肃性和权威性。

总之，政策支持和行业标准化是推动沥青混合料现场热再生技术持续健康发展的两大法宝。只有不断加大政策引导和扶持力度，加快标准规范的建设步伐，完善质量监管体系，严格标准执行，才能营造现场热再生技术发展的良好生态，推动形成规范有序、协同高效的产业发展新格局，促进现场热再生技术在道路养护领域的全面推广普及。建议交通运输主管部门加强与相关部门的协调联动，抓紧制定出台相关支持政策和技术标准，加快培育一批专业化、规模化的现场热再生技术应用企业，大力发展现场热再生技术装备制造产业，为现场热再生技术的快速发展提供坚实保障。同时，要加强国际交流合作，积极借鉴国外的先进经验和做法，不断提升我国现场热再生技术的标准化水平和国际竞争力，推动现场热再生技术成为引领道路养护行业绿色发展的重要力量。

参考文献

[1]马涛,廖公云,黄晓明.Abaqus 有限元软件在道路工程中的应用 第 3 版[M].南京:东南大学出版社, 2021.

[2]陈先华.土木工程材料学[M].南京:东南大学出版社,2021.

[3]黄琪.沥青路面质量评价与支付方法研究[M].北京:中国水利水电出版社,2020.

[4]姚波,王晓.道路工程[M].南京:东南大学出版社,2020.

[5]陈忠购,付传清.土木工程材料[M].北京:中国水利水电出版社,2020.

[6]韩小妹,朱峰,蒋翼,等.碾压式沥青混凝土心墙土石坝筑坝关键技术与实践研究[M].北京:中国水利水电出版社,2019.

[7]梁向峰,何小雄.碾压式土石坝施工技术[M].北京:中国水利水电出版社,2018.

[8]汤用泉,张小华.土石坝沥青混凝土防渗体施工技术[M].北京:中国水利水电出版社,2018.

[9]刘杰胜.高性能伸缩缝密封材料的制备、性能及应用研究[M].武汉:武汉理工大学出版社,2017.

[10]贾兴文,李莉,刘先锋,等.土木工程材料[M].重庆:重庆大学出版社,2017.

[11]陈渊召.新型沥青路面结构与材料研究[M].北京:中国水利水电出版社,2016.

[12]陈渊召.水泥石灰粉煤灰稳定碎石性能研究[M].北京:中国水利水电出版社,2016.

[13]贺鸿珠.土木工程材料[M].重庆:重庆大学出版社,2014

[14]孙家瑛,耿健,徐亦冬,等.道路与桥梁工程材料[M].重庆:重庆大学出版社,2015.

[15]孙家瑛.土木工程材料实训指导[M].重庆:重庆大学出版社,2014.

[16]张清平.沥青路面现场热再生技术研究[D].长沙:长沙理工大学,2011.

[17]张志国.不同养护方式对水工混凝土耐久性影响研究[J].黑龙江水利科技,2024, 52(2): 27-30.

[18]胡骏,戈光弼,陈洁,等.泡沫沥青就地冷再生技术在路面修复工程中的应用[J]. 建筑科技, 2024, 8(6): 118-121.

[19]刘振兴.海南省现场热再生沥青路面施工工艺及质量控制研究[D].长沙:长沙理工大学,2009.

[20]王晓晨.温拌沥青混合料在北京地区应用的技术研究[D].北京:北京工业大学,2016.

[21]应徐昌.回收沥青混合料温拌再生机理及路用性能研究[D].哈尔滨:哈尔滨工业大学,2017.

[22]杨光亚,刘兆磊,米轶轩.机械发泡温拌技术在三淅高速公路沥青路面中的应用[J].公路交通科技(应用技术版),2016,12(8):10-11.

[23]徐腾飞.高掺量旧料再生方法及其混合料性能研究[D].重庆:重庆交通大学,2021.

[24]曹亚东,韩勇强.电炉钢渣在沥青路面中的应用研究[J].中国市政工程,2001(1):17-21.

[25]田鹏伟,罗维昆.废沥青冷再生技术研究[J].皮革制作与环保科技,2023,4(17):173-174+181.

[26]张瑞.现场热再生技术在高速公路路面修补中的应用[J].交通世界,2023(22):62-64.

[27]雷斌,周健英,余林杰,等.利用废料制备再生沥青混合料全生命周期的环境效益评价[J].新型建筑材料,2023,50(5):56-60.